Maria Gruber

# SÜDTIROLER SPEZIALITÄTEN

KOMPASS **Küchenschätze**

# Ein Wort zuvor!

Südtirol – das ist eine wunderschöne Landschaft auf der Südseite der Alpen zwischen Brenner und Salurner

Klause. Klima und Vegetation sind ungewöhnlich abwechslungsreich.
Die hohen Berge im Norden halten Kaltluftströmungen ab, klimatische Einflüsse des Südens bewirken lange Sonnenscheindauer und -intensität.
Jahrhundertelange Einflüsse der Nachbarländer, dazu die bodenständige bäuerliche Küche, haben den Südtiroler Speisezettel geprägt. Von den würzigen Gerichten und der Vielseitigkeit der Rezeptpalette ist jeder Besucher des Landes begeistert.

Blumen und Blüten findet man fast über's ganze Jahr, vor allem Mitte April/Anfang Mai, wenn die blühenden Obstbäume die Landschaft zauberhaft verwandeln.
Reich beschert werden die Bauern mit den Mühen ihrer Arbeit, wenn im Spätsommer und Herbst die vielen verschiedenen Früchte – wie Äpfel, Trauben, Kösten (Kastanien) oder Pfirsiche – reif sind.

Dieses Buch soll Ihnen daher einen Eindruck darüber vermitteln, wie schmackhaft und abwechslungsreich gerade die Südtiroler Küche ist. Sie finden delikate und gehaltvolle Suppen, verschiedene Vorspeisen, aber auch Hauptspeisen, die sehr bekannt und typisch sind. Die letzten Kapitel sind den Mehlspeisen und Backspezialitäten gewidmet. Darüberhinaus lernen Sie auch Rezepte der neuen, feinen Küche Südtirols kennen, die längst einen internationalen Stand erreicht hat.

Auf den nachfolgenden Seiten finden Sie eine Einführung, die Ihnen die besonderen, landestypischen Spezialitäten vorstellt. Küchen- und kochtechnische Begriffe, als „Schlüssel" zu den Rezepten, werden im Anschluß daran ausführlich erläutert. So wird es Ihnen leicht fallen, die verschiedenen Südtiroler Spezialitäten schnell kennenzulernen und mit Freude nachzukochen.

## Inhalt

# Die Südtiroler Spezialitäten – ein kleiner Überblick

Südtiroler Küche – das bedeutet mehr als nur Knödel oder Speck, die beiden Speisen, an die man zuerst denkt. Dennoch, fast 30 Knödel-Rezepte gibt es landauf, landab und hier seien neben den berühmten „Speckknödeln" vor allen die als „plentene" (aus Buchweizenmehl) bekannten, nahrhaften Knödel erwähnt.

Variationen davon sind z. B. die „Kas-, Spinat-, Preß-, Topfen- oder Erdäpfelknödel"; auch Teiser Kugeln genannt.

„Knödel, Nudeln, Nocken, Plenten sein die vier Tiroler Elementen" heißt ein alter Bauernspruch. Tatsächlich gibt es neben den vielen Knödel-Variationen auch zahlreiche Nudel-Gerichte, insbesondere die gut sättigenden Haus- oder Blutnudeln. Nocken hingegen sind eigentlich eine leichte Speise, deren Zubereitung einiges Fingerspitzengefühl und Übung bedarf. Denn: aus einer vorbereiteten Masse werden die Nocken mit einem in heißes Wasser eingetauchtem Eßlöffel „abgestochen". Sie müssen länglich sein und eine möglichst glatte Oberfläche aufweisen. Zum Garziehen gibt man sie anschließend in heiße Flüssigkeit, die nicht sprudeln darf, damit die Nocken langsam gar werden können. Plenten wird aus Maisgrieß oder Maismehl zubereitet und für Schwarzplenten verwendet man fast immer grob gemahlenes Buchweizenmehl. Ob in Fett ausgebacken oder zu Gebäck verarbeitet, beide Getreidearten finden sich in vielen Rezepten wieder.

Spätestens 2-3 Wochen vor dem Weihnachtsfest wird ein ganz besonderes Südtiroler Gebäck vorbereitet und unter besonderer Sorgfalt abgebacken: die Zelten. Hierbei handelt es sich um ein sehr reichhaltiges Früchtebrot, das unter Verwendung vieler, typisch Südtiroler Zutaten wie Rosinen, Feigen, Zitronat, aber auch Mandeln und Pignoli (Pinienkerne) mit relativ wenig Teig entsteht. Speck aus Südtirol ist nicht nur ein Brotbelag, er paßt auch zu vielen Gerichten hervorra-

gend zur geschmacklichen Abrundung. Sein Aroma und der besondere Rauchgeschmack ergänzen edle Gerichte, wie beispielsweise einen Fasan, genauso gut wie die eher bäuerliche Gerstensuppe. Zum Speck gehört ein kräftiges Brot, das in weiten Teilen Südtirols noch heute in eigenen Brotbacköfen abgebacken wird. Elektroöfen werden nur dann benutzt, wenn sie entsprechend hohe Temperaturen erreichen, denn zum Brotbacken muß der Backofen mindestens auf 250-275° C erhitzt werden können.

Meist sieht man runde, flache Fladen („Breatlen“) aus Roggenmehl mit Sauerteig, die innen teils weich, teils „rösch“ (knusprig) sind.

Die vielen Knödel-Variationen oder nahrhaften Suppengerichte, hier seien insbesondere die „Terlaner Weinsuppe“, die „Bozener Saure Suppe“ oder die sättigende „Bauerngerstsuppe“ erwähnt, schaffen auf der Südtiroler Speisekarte nur wenig Platz für Fleischspeisen. Da gibt es hauptsächlich vom Hammel das „Bauernschöpserne“, vom Rind den „St.-Magdalena-Braten“, vom Kalb das

„Kapuzinerfleisch", vom Wild den „Rehrücken" und schließlich vom Schwein das „Bauernbratl".

Die geschichtliche Zugehörigkeit Südtirols zu Österreich hat vor allem die weltbekannten Mehlspeisen ins Land gebracht. Obwohl manche Speisen Hauptgerichte sein können, verbindet man mit diesem Begriff eigentlich die Bezeichnung einer „Nachspeise". Strudel, Strauben, Schmarrn, Krapfen und Kiechl ergänzen sich besonders gut mit den vielen sonnenverwöhnten Obstsorten, wie Äpfel, Marillen (Aprikosen), Kirschen oder Trauben, die in Südtirol prächtig gedeihen.

Zu einem guten Essen gehört schließlich auch ein guter Wein. In Südtirol werden jährlich ca. 550.000 Hektoliter produziert, davon 75 % Rotwein- und 25 % Weißweinsorten, die im einzelnen auf den Seiten 69 bis 71 vorgestellt werden.

Wer Alkohol meiden möchte, der findet in Südtirol auch sehr gute einheimische Mineralwasser und Fruchtsäfte, darüberhinaus verschiedene Kaffee-Variationen.

# Die wichtigsten Küchenausdrücke

**Ablöschen**
heiße Flüssigkeit aufgießen, um z. B. einen Bratensatz zu lösen

**Abschrecken**
gekochte Speisen wie z. B. Spatzlen mit reichlich kaltem Wasser übergießen oder in kalte Flüssigkeit eintauchen

**Abseihen**
in ein Sieb geben und abtropfen lassen

**Aufschlagen**
verquirlen (meist Eier)

**Austreiben**
Teig ausrollen

**Blanchieren**
Überbrühen oder kurzes Kochen z. B. von Gemüse in gesalzenem Wasser

**Einbrenne**
Mehlschwitze

**Faschieren**
durch den Fleischwolf drehen
**Festpitschen**
Südtiroler Ausdruck für festes Andrücken
**Gehen lassen**
Germ- (Hefe-)Teig mit einem trockenen Küchentuch abdekken und an einem warmen Ort stehen lassen, bis sich das Volumen fast verdoppelt hat.
Tip: Heizen Sie Ihren Elektrobackofen 5 Minuten lang auf 50° C vor, dann abschalten und den Germ- (Hefe-)Teig auf den Rost in das untere Drittel des Backofens stellen. Die Gehzeit verkürzt sich dann um ca. die Hälfte.
**Gratinieren**
im Backofen oder unter dem Grill überbacken
**Kleinhacken**
hiermit bezeichnet man allgemein das feine Würfeln von Gemüse, insbesondere Zwiebeln oder das Kleinschneiden von Küchenkräutern. Beim traditionellen „Hacken" auf dem Küchenbrett gingen früher wertvolle Gemüsesäfte verloren. Daher ist man heute dazu übergegangen, die verschiedenen Zutaten mit einem scharfen Messer zu schneiden.
**Legieren**
Flüssigkeit mit Eidotter (Eigelb), Rahm (süße Sahne) oder Butter binden
**Mehlbutter**
gleiche Menge Mehl und Butter zu einem Butter-Mehl-Knödel verkneten. Zum Binden von Soßen oder Suppen.
**Passieren**
Speisen durch ein feines Sieb streichen oder drücken. Ist meist bei der Herstellung von Soßen oder Kartoffelteigen, aber auch Kösten- (Kastanien-)Gerichten notwendig.
**Raspeln**
grobes Zerkleinern von Lebensmitteln, z. B. Äpfeln
**Rasten lassen**
stehen oder ruhen lassen von verschiedenen Teigen
**Reduzieren**
einkochen; Soßen oder Bratenfonds werden „eingekocht", damit sie eine stärkere Konsistenz erhalten und geschmacklich intensiver werden.
**Schaumig rühren**
Einrühren von viel Luft, um eine lockere Schaummasse zu erhalten
**Schmelzen**
feste Lebensmittel wie z. B. Schokolade oder Butter bei schwacher Hitze verflüssigen

**Spicken**
Fleisch oder Fisch mit Hilfe einer Spicknadel mit Speckstreifen durchziehen

**Unterheben, Unterziehen**
vorsichtiges Vermischen von Teig mit Eischnee. Am besten benutzt man hierzu einen Kochlöffel und hebt damit die festere Masse über den Eischnee, bis alles gut vermischt ist. Wichtig: nicht rühren, sondern unterheben.

**Versprudeln**
Eier verquirlen, verschlagen

**Ziehen lassen**
empfindliche Speisen z. B. Nocken unter dem Siedepunkt garen lassen

# Kleines Lexikon

| | |
|---|---|
| **Aranzini** | Orangeat |
| **Backfett:** | Fett zum Ausbacken, meist Butterschmalz |
| **Bauernbratl** | Schweinsbraten und Rippen mit Erdäpfeln (Kartoffeln) |
| **Beuschel** | Lunge und Herz |
| **Blaukraut** | Rotkohl |
| **Buchteln** | Mehlspeise aus Hefeteig, Hefegebäck |
| **Bratreine** | Bratgeschirr, meist emailliert |
| **Brösel** | Semmelbrösel, Brotbrösel |
| **Brotklee** | eine Gartenpflanze, deren getrocknete Blüten und Blätter als Brotgewürz verwendet werden |
| **Dampfl** | Hefevorteig |
| **Eidotter** | Eigelb |
| **Eiklar** | Eiweiß |
| **Einbrenne** | in schmäumender Butter angebräuntes Mehl |
| **Erdäpfel** | Kartoffeln |
| **Erdäpfelplattlen** | in Fett ausgebackene Kartoffelteig-Rechtecke |

| | |
|---|---|
| **Fleckerl** | kleine Teigtaschen |
| **Gelbe Rüben** | Karotten, Möhren |
| **Germ** | Hefe |
| **G'selchtes** | geräuchertes Schweinefleisch |
| **Graukas** | pikanter, intensiver Almkäse |
| **Gröstl** | gebratene Kartoffeln mit gekochtem Fleisch |
| **Halsgrat** | Nackenstück vom Schwein |
| **Hirnpofesen** | gewürztes Hirn, zwischen Brotscheiben in Fett ausgebacken |
| **Kapuzinerfleisch** | Kalbsnierenbraten und Nieren geschmort |
| **Kipferl** | Hörnchen |
| **Kletzen, Kloatzen** | getrocknete Birnen |
| **Kniekiechl** | Hefe-Fettgebäck |
| **Koch** | Auflauf, Kochpudding |
| **Kösten** | Kastanien |
| **Kren** | Meerrettich |
| **Kutteln** | Rinder- oder Schweinemagen |
| **Lauch** | Porree |
| **Maibutter** | halbgeschlagener Rahm (Sahne), bestreut mit Zimt und Zucker |
| **Marillen** | Aprikosen |
| **Neugwürz** | Piment |
| **Nocken** | längliche Klößchen |
| **Nudelholz** | Teigroller |
| **Oster-Fochaz** | rundes Osterbrot mit verschiedenem Muster |
| **Pofesen** | dünne Weißbrotscheiben, mit verschiedenen Massen bestrichen, in Fett ausgebacken |
| **Pignoli** | Pinienkerne |

| | |
|---|---|
| **Plattlen** | flache, ovale Teigstücke in Fett schwimmend ausgebakken |
| **Plenten** | Gericht aus Plentenmehl |
| **Plentenmehl** | Maisgrieß oder Maismehl |
| **Polenta** | Plenten |
| **Rahm** | Sahne (süße) |
| **Rindsuppe** | Fleischbrühe |
| **Saure Suppe** | Brennsuppe mit Kutteln |
| **Semmel** | Brötchen |
| **Spatzlen** | Spätzle |
| **Staubzucker** | Puderzucker |
| **Strauben** | kreisförmiges Teiggebäck, in Fett ausgebacken |
| **Scheiterhaufen** | süßer Brotauflauf mit Äpfeln |
| **Schlegel** | Keule |
| **Schlutzkrapflen** | Teigtaschen gefüllt |
| **Schmarrn** | gebackener und zerstochener Pfannkuchenteig |
| **Schöps** | Hammel |
| **Schwammerl** | Pilze |
| **Schwarzplentenmehl** | grobes Buchweizenmehl |
| **Schwarzplenten-Riebler** | zerkleinerte Mehlspeise aus Buchweizenteig |
| **Tirtlen** | in Fett ausgebackene, meist mit Kraut gefüllte Teigtaschen |
| **Topfen** | Quark |
| **Törggelen** | Weinprobe, Verkosten des neuen Weines |
| **Vinschger Paarlen** | Roggenbrot, paarweise gebacken; eine Spezialität aus dem Vinschgau |
| **Völser Schüttelbrot** | flache Brotfladen aus Roggenteig |
| **Wurzelwerk** | Suppengemüse |
| **Zelten** | Früchtebrot |
| **Zettelkraut** | Sauerkraut |
| **Zucchini** | Gemüsekürbisse |

# Südtiroler Speck

Neben den vielen Spezialitäten der Südtiroler Küche sei der Speck mit seinem einzigartigen Aroma an erster Stelle genannt. Für die Bauern war seit alters her das Haltbarmachen von frisch geschlachtetem Fleisch ein Problem.

Das Pökeln und Einlegen in eine Flüssigkeit aus Wasser und Wein mit dem anschließenden Trocknen sowie Räuchern war die einzige Lösung zur Konservierung.

So wird der Speck auch heute noch sorgsam gehegt und gepflegt und als saftiger Bauchspeck oder rot-weißer Schinkenspeck in vielen Variationen hergestellt und angeboten. Seine hohe Qualität basiert auf dem großen Fleiß bei der Verarbeitung und der gewissenhaften Prüfung während der einzelnen Arbeitsschritte.

Der Speck wird als Brotbelag meist sehr fein aufgeschnitten. Er findet auch in vielen Gerichten zur geschmacklichen Abrundung seine Verwendung.

Er verfeinert zahlreiche Gerichte, wie beispielsweise die beliebte „Südtiroler Speckknödelsuppe" oder das „Tiroler G'röstl".

# Südtiroler Speckknödelsuppe

3 - 4 altbackene Semmeln (Brötchen)
2 Tassen warme Milch
1 EL Petersilie
1 kleine Zwiebel
150 g durchwachsener Speck
3 Eier
Salz
80 g Mehl
gut 1 1/4 l kräftige Fleischbrühe
2 EL gehackter Schnittlauch

● Die Semmeln kleinschneiden, in eine Rührschüssel geben. Speck fein würfeln und dazugeben. Gehackte Petersilie darüberstreuen. Die Eier mit der Milch verschlagen und über die Brotmasse geben. Umrühren und 20 Minuten ziehen lassen. Zwiebeln schälen, würfeln und in Butter anrösten.

● Zwiebeln mit Mehl zur Brotmasse geben, salzen und alles gut durchkneten.

● Aus der Masse kleine Knödel formen und in gesalzenem kochendem Wasser ca. 15 Minuten garziehen lassen. In der heißen Fleischbrühe mit Schnittlauch bestreut servieren.

# Vinschgauer Suppe

1 altbackenes Vinschgauer Paarlbrot
1 mittlere Zwiebel
80 g Butter
1 l beste Rindssuppe
2 Eier
Salz, Pfeffer
fein gehackte Petersilie

● Das Brot kleinwürfeln. Die Zwiebel schälen, ebenfalls würfeln und in einem größeren Topf mit der Butter goldgelb anrösten. Die Brotwürfel dazugeben und mitrösten. Mit heißer Rindssuppe auffüllen, kurz aufkochen und kräftig abschmecken.

● Die Eier versprudeln und mit Hilfe eines Schneebesens in der Suppe gut verteilen. Mit gehackter Petersilie bestreut servieren.

# Terlaner Weinsuppe

1/2 l kräftige Fleischbrühe
1/4 l Weißwein (Terlaner)
4 Eidotter (Eigelb)
1/4 l Rahm (süße Sahne)
Zimt, Salz
1 altbackene Semmel (Brötchen)
1 - 2 EL Butter

● Die Fleischbrühe mit Weißwein, Eidotter, Rahm sowie Salz in einen größeren Topf geben, bei niedriger Hitze so lange schlagen, bis die Masse sehr cremig wird.

● Die Semmel würfeln und mit der Butter in einer Pfanne goldgelb rösten, zur Suppe reichen und mit etwas Zimt bestäuben.

# Hirnsuppe

1 kleine Stange Lauch (Porree)
1 - 2 gelbe Rüben (Möhren)
1/4 Stück Sellerie
2 EL Butter
1 l Fleischbrühe
200 g Kalbshirn
1 Tasse Fleischbrühe
1/8 l trockener Weißwein (z. B. Terlaner)
3 Eidotter (Eigelb)
1/8 l Rahm (süße Sahne)
Salz

● Den Lauch in feine Ringe schneiden und waschen. Gelbe Rüben und Sellerie schälen, stifteln und ebenfalls waschen. Das Gemüse in Butter andünsten, mit Fleischbrühe auffüllen und leicht köcheln lassen.

● Inzwischen das Kalbshirn waschen und enthäuten. Mit einer Tasse Fleischbrühe und dem Weißwein weichkochen, anschließend durch ein feines Sieb in die Suppe passieren, aufkochen.

● Eidotter mit Rahm und Salz verquirlen und die Hirnsuppe damit legieren. Nicht mehr aufkochen, sondern sofort servieren.

# Bauernbrotsuppe

150 g altbackenes, dunkles Bauernbrot
1 größere Zwiebel
1 - 2 EL Mehl
40 g Butterschmalz
1/2 l Fleischbrühe
1/2 l Wasser
Salz, weißer Pfeffer
1 Eidotter (Eigelb)
2 EL Rahm (süße Sahne)
etwas Muskat und Kümmel

● Das Brot würfeln. Die Zwiebel schälen und ebenfalls würfeln. Im Butterschmalz anrösten, Mehl darüberstreuen und goldbraun werden lassen. Mit Wasser und Fleischbrühe auffüllen. Mit Salz und Pfeffer abschmecken.

● Eidotter mit Rahm verquirlen und die Suppe damit legieren. Mit Muskat würzen und mit Kümmel bestreut servieren.

# Saure Suppe

450 g weichgekochte Kutteln (Rinder- oder Schweinemagen)
2 Zwiebeln
2 EL Butter
1 - 2 EL Mehl
1 l kräftige Fleischsuppe
Neugewürz (Piment)
Salz, Pfeffer
2 Knoblauchzehen
etwas abgeriebene Schale einer ungespritzten Zitrone
Lorbeerblatt
etwas Weißwein oder Essig

● Die weichgekochten Kutteln in Streifen schneiden. Die Zwiebeln schälen und würfeln. Die Butter in einem größeren Topf erhitzen und die Zwiebeln darin glasig dünsten. Die Kutteln dazugeben und unterrühren. Das Mehl darüberstreuen und goldgelb anrösten, dann mit Fleischbrühe aufgießen.

● Mit Neugewürz, Salz, Pfeffer, geschälten und durchgepreßten Knoblauchzehen, abgeriebener Zitronenschale sowie Lorbeerblatt würzen.

● Auf niedriger Stufe 1/2 - 3/4 Stunde kochen lassen. Zuletzt mit Weißwein oder Essig abschmecken.

# Bauerngerst-suppe

- 80 g Rollgerste
- ca. 150 g durchwachsener Speck
- 1 Stück Selchfleisch (Schweinshaxe)
- 4 dünne, ausgebratene Speckscheiben
- 1 1/2 l Wasser
- 2 Zwiebeln
- 2 gelbe Rüben (Möhren)
- 1/4 Stück Sellerie
- 1 Stange Lauch (Porree)
- 2 Erdäpfel (Kartoffeln)
- Salz, Pfeffer, Muskat
- 1 EL Mehl, Wasser
- 2 EL Rahm (süße Sahne)

● Die Rollgerste in ein Sieb geben und kurz abspülen. Den Speck fein würfeln und in einem größeren Topf ausbraten. Die abgetropfte Gerste kurz mitrösten. Mit Wasser auffüllen.

● Die Zwiebeln und Erdäpfel schälen und würfeln. Gelbe Rüben und Sellerie ebenfalls schälen, waschen und in längliche Stifte schneiden. Alles in die Suppe geben, würzen und eine weitere Stunde auf niedriger Stufe kochen lassen.

● Selchfleisch herausnehmen, zerkleinern, wieder in die Suppe geben und mit Speckscheiben belegt servieren.

**Unser Tip:**

Die „Gerschtsuppe" ist bei den Südtiroler Bauern ein weit verbreitetes Gericht, da die Gerste sogar in Höhenlagen von 1500 - 1700 m gedeiht. Vor allem als fleischloses Fastengericht war sie früher schon sehr beliebt. Anstelle von Fleisch hat man dann die Suppe mit reichlich in Butter gerösteten Zwiebeln aufgebessert.

# Völser Zwiebelsuppe

2 Zwiebeln

60 g Butter

30 - 40 g Mehl

Salz, Pfeffer, Muskatnuß

1 l Fleischbrühe

2 - 3 EL geröstete Brot- oder Semmelwürfel

● Die Zwiebeln schälen und würfeln. In einem größeren Topf die Butter erhitzen, Zwiebelwürfel darin glasig dünsten, das Mehl darüberstreuen und goldbraun werden lassen.

● Würzen, mit Fleischbrühe auffüllen, aufkochen und heiß, mit Brot- oder Semmelwürfeln bestreut, servieren.

# Kalbskopf sauer

1/2 Kalbskopf
1 1/2 l Wasser
1/8 l Essig, Öl
1 - 2 Lorbeerblätter
Pfefferkörner, Salz
2 Nelken
300 g fein streifig geschnittenes Suppengemüse
150 g Zwiebelringe

● Den Kalbskopf gut reinigen. Das Wasser salzen, Suppengemüse und Gewürze dazugeben. Den Kalbskopf hineingeben und zugedeckt langsam siedend garen, bis sich das Fleisch vom Knochen löst (ca. 2 - 2 1/2 Stunden).
● Zwischendurch immer wieder den Schaum abschöpfen. Das Fleisch ablösen, in Portionen teilen und mit den Zwiebelringen auf einem Teller anrichten. Öl, Essig, Salz und Pfeffer dazustellen.

# Schlutzkrapflen

Teig:
200 g feines Roggenmehl
300 g Weizenmehl
2 - 3 Eier, Salz
etwas Öl
lauwarmes Wasser

Füllung:
700 - 800 g Spinat
1 kleine Zwiebel
2 EL Butter
1 EL Mehl
1/8 l Milch
1 EL geriebener Parmesan
Salz, Pfeffer, Muskat
60 g Butter
40 g geriebener Parmesan

● Die Mehlsorten mischen und mit Eiern, Salz, Öl und etwas warmem Wasser zu einem nicht zu festen Nudelteig verarbeiten. Diesen ca. 45 Minuten rasten lassen.
● Inzwischen die Füllung vorbereiten. Hierzu den Spinat gut waschen, in Salzwasser garkochen, abseihen, ausdrücken und durch ein Sieb passieren. Die Zwiebel schälen und kleinhacken. In Butter glasig dünsten, mit Mehl be-

stäuben und goldgelb mitrösten, dann die Milch hinzufügen und etwas einkochen lassen. Den Spinat dazugeben, Parmesan darüberstreuen, mischen und kräftig würzen. Unter ständigem Umrühren erkalten lassen. Ausreichend gesalzenes Wasser in einem größeren Topf auf der Kochstelle erhitzen. Den Teig mit einem Nudelholz sehr dünn austreiben. Mit einem Glas oder dem Krapfenradel rund ausstechen, darauf etwas von der Füllung geben, zusammenklappen und die Ränder gut festpitschen.

● Die Schlutzkrapflen in siedendem Salzwasser garen, bis sie an die Oberfläche steigen (ca. 5 - 10 Minuten). Die Krapfen abseihen, mit geriebenem Parmesankäse bestreuen und mit zerlassener brauner Butter abgeschmelzt servieren.

Bild oben: Schlutzkrapflen S. 18, Erdäpfelplattlen S. 20

# Erdäpfelplattlen mit Kraut

- 1,2 kg Erdäpfel (Kartoffeln)
- 300 g Mehl
- 75 g weiche Butter
- 2 Eier, 2 Eidotter
- Salz, Pfeffer
- Backfett (z. B. Butterschmalz) oder Öl
- 400 - 500 g Sauerkraut

● Die Kartoffeln kochen, ausdampfen lassen und noch heiß schälen und passieren. Mit Mehl, Butter, Eiern, Eidottern und den Gewürzen zu einem glatten Teig verarbeiten.

● Die Arbeitsfläche bemehlen, darauf den Teig ca. 1/2 cm dick austreiben und in Rechtecke aufteilen.

● Das Backfett erhitzen und die Erdäpfelplattlen darin hellbraun backen. Heiß mit gekochtem Kraut servieren.

# Kraut-Tirtlen

Teig:

- 200 g feines Roggenmehl
- 300 g Weizenmehl
- 2 - 3 Eier, Salz
- 30 g weiche Butter
- etwas lauwarmes Wasser

Füllung:

- 1 Zwiebel
- 50 g Butter
- 1 EL Mehl
- 1/8 l trockener Weißwein
- ca. 400 g Sauerkraut
- 2 zerstoßene Wacholderkörner
- 6 zerstoßene Pfefferkörner
- etwas Kümmel, Salz, Pfeffer
- Backfett (z. B. Butterschmalz) oder Öl

● Nachdem die Füllung auskühlen muß, diese zuerst vorbereiten. Hierzu die Zwiebel schälen, fein hacken, in Butter glasig dünsten, mit Mehl bestäuben und goldgelb mitrösten, dann erst mit Weißwein ablöschen und das Ganze etwas einkochen lassen.

● Das Kraut kleinhacken, dazugeben, würzen und mindestens 30 Minuten dünsten. Unter ständigem Umrühren erkalten lassen.

● Inzwischen den Teig vorbereiten. Hierzu die Mehlsorten mischen und mit Eiern, Salz,

BIANCO

# Vinschgauer Brotzeit

- 2 kleine, runde Vinschgauer Brote
- 400 g gemischtes Hackfleisch
- 3 EL gehackte Petersilie
- 1 kleine Gewürzgurke
- 1 zerdrückte Knoblauchzehe
- 4 - 5 EL gehackte Zwiebeln
- 50 ml Rahm (Sahne)
- 2 Eier
- Butter, Salz, Pfeffer
- Aluminiumfolie
- Senf nach Belieben

● Von den Broten die obere Kruste sehr dünn abschneiden und bis auf einen Rand von ca. 2 cm aushöhlen. Das Hackfleisch in eine Schüssel geben, mit Petersilie, gehackter Gurke, Eiern, Knoblauch, Zwiebeln, Rahm und Gewürzen gut verkneten. Fleischmasse in die Brote füllen, gut unter die Ränder andrücken und etwas aufhäufen.

● Von der Aluminiumfolie zwei ausreichend große Stücke abtrennen, dünn mit Butter bestreichen, die Brote daraufsetzen und locker verschließen. Im Backofen bei 200 - 220° C ca. 45 Minuten backen.

● Die Folie vorsichtig öffnen und auseinanderdrücken. Herausnehmen, halbieren oder vierteln und heiß oder kalt mit 1 EL gehackten Zwiebeln bestreut servieren. Senf oder frisch geriebenen Meerrettich dazureichen.

# Kalbsnierenbraten

| | |
|---|---|
| 1,2 kg Kalbsnierenbraten | 1 Prise Paprikapulver |
| 1 Bund Wurzelwerk (Suppengemüse), Salz, Pfeffer | 1 geh. TL Speisestärke |
| | 80 g Butterschmalz |
| 1 Zwiebel, 1 Lorbeerblatt | 3/8 l Fleischbrühe |

● Das Fleisch kurz kalt abspülen und mit Küchenkrepp trockentupfen. Würzen. Das Wurzelwerk putzen und grob zerkleinern. Die Zwiebel schälen und hacken. Das Fleisch in einer Bratreine von allen Seiten anbraten, das Wurzelwerk und die Zwiebel dazugeben und mitbraten lassen.

● Mit der Hälfte der Brühe aufgießen, Lorbeerblatt und Paprikapulver zugeben. Bei 180 - 200 ° C 2 Stunden im Backofen braten. Dabei nach und nach die restliche Brühe über das Fleisch geben.

● Den Braten aufschneiden und auf einer vorgewärmten Platte anrichten. Abdecken.

● Den Fond loskochen, passieren, mit der in kaltem Wasser angerührten Speisestärke binden und abschmecken. Die Soße separat zum Braten reichen.

# Südtiroler Kapuzinerfleisch

- 4 Scheiben roher Kalbsnierenbraten
- Salz, Pfeffer
- 4 Nierenscheiben
- 3 EL Butterschmalz
- 1/4 l Weißwein
- 1/8 l Wasser
- 250 g grüne Bohnen
- 4 Scheiben Bauchspeck durchwachsen
- 1 Knoblauchzehe
- einige Basilikumblätter

● Auf den gesäuberten Fleischscheiben je eine gewaschene Nierenscheibe mit Zahnstochern befestigen. Würzen und in heißem Butterschmalz anbraten.

● Die Fleischscheiben in eine Bratreine legen, Weißwein und Wasser zugießen. Geputzte Bohnen, angebratenen Speck und gehackten Knoblauch darüber verteilen. Ca. 1/2 Stunde langsam dünsten lassen.

● Kurz vor Ende der Garzeit die Basilikumblätter dazugeben. Nochmals abschmekken.

# Reh- oder Gamsschlegel

(Für 6 - 7 Personen)

- 1/4 Sellerieknolle
- 2 gelbe Rüben (Karotten)
- 1/2 Petersilienwurzel
- 1 größere Zwiebel
- 2 - 3 EL Öl
- 2 - 3 EL Butter
- 1 1/2 kg Reh- oder Gamsschlegel (Keule)
- Speck zum Spicken, Salz
- Schale 1/2 ungespritzten Zitrone
- Pfeffer, Rosmarin, Salbei
- einige Wacholderbeeren
- 1/4 l Fleischbrühe
- 1 - 2 EL Mehl
- 50 ml Rahm (Sahne)
- 1 - 2 EL Preiselbeeren

● Den Reh- oder Gamsschlegel kalt abspülen und mit Küchenkrepp trockentupfen. Salzen, pfeffern und mit dem Speck spicken. In eine ausreichend große Bratreine legen und bei starker Hitze in Öl anbraten, ins vorgeheizte Backrohr (180 - 200° ) geben, ca. 1 Stunde braten lassen.

● Das Wurzelwerk putzen und kleinschneiden und mit der Zitronenschale und den Gewürzen zum Schlegel geben. Mit Fleischbrühe aufgießen und zugedeckt noch ca. 1 1/2 Stunden fertigbraten. Zwischendurch kontrollieren und eventuell etwas Brühe (oder Wasser) nachgießen.

● Den Reh- oder Gamsschlegel auf eine vorgewärmte Platte legen und warm stellen. Die Soße binden, passieren und mit Rahm und Preiselbeeren nochmals abschmecken und separat zum aufgeschnittenen Schlegel servieren.

**Beilage:** Hausnudeln

# Südtiroler Kalbsbeuschel

700 g Kalbsbeuschel (Kalbslunge)
300 g Herz
1/2 Petersilienwurzel
1/2 gelbe Rübe (Karotte)
1/4 Sellerieknolle
1 kleine Zwiebel
5 Pfefferkörner
etwas Weinessig
2 - 3 Neugewürzkörner (Piment)

Soße:
80 g Butter
80 g Mehl, 1 Zwiebel
Thymian, etwas Zitronensaft
Salz
100 ml Rahm (Sahne)

● Lunge und Herz in Salzwasser mit dem geputzten, geschnittenen Wurzelwerk, Gewürzkörnern und Essig weichkochen. Nach dem Erkalten in feine Streifen schneiden und den Sud aufheben.

● Für die Soße die Butter langsam erhitzen, geschälte und kleingehackte Zwiebel darin glasig dünsten, das Mehl darüberstreuen und mitrösten. Den Beuschelsud durchseihen, zur Mehleinbrenne geben. Thymian, Zitronensaft, Salz und das Beuschel dazugeben, aufkochen lassen und zuletzt salzen. Mit Rahm verfeinern.

**Beilage:**
Semmel- oder Erdäpfelknödel

# Leber Südtiroler Art

| | |
|---|---|
| 600 g Kalbsleber | 2 mittlere Zwiebeln |
| 1/8 l Fleischsuppe | 50 g Butterschmalz |
| 2 EL Mehl | 1/8 l trockener Weißwein |
| 120 g Südtiroler Speck | Salz, Majoran, Pfeffer |

● Die Leber enthäuten, von den Sehnen befreien, kurz kalt abspülen und mit Küchenkrepp trockentupfen. In längliche Streifen schneiden, pfeffern und gleichmäßig mit Mehl bestreuen.

● Den Speck in Streifen, die geschälten Zwiebeln in Ringe schneiden. Beides in heißem Fett leicht anrösten, die Leber dazugeben und alles zusammen unter ständigem Rühren kräftig anbraten.

● Den Weißwein und die Fleischsuppe hinzufügen, dann erst salzen und mit Majoran würzen. Einige Minuten ziehen lassen, dann servieren.

**Beilage:** gekochte oder pürierte Erdäpfel

# Tiroler Gröstl

| | |
|---|---|
| 600 - 750 g festkochende Erdäpfel (Kartoffeln) | 350 - 400 g gegartes Schweinefleisch |
| 1 große Zwiebel | 50 - 100 g Speckwürfel |
| 60 - 70 g Butterschmalz | Salz, Pfeffer, Majoran |
| 4 Eier (nach Belieben) | 1 EL gehackte Petersilie |

● Die Erdäpfel in der Schale garkochen, schälen und in Scheiben schneiden. Die Zwiebel schälen, fein hacken und mit dem Fett in einer größeren Pfanne anrösten.

● Das gekochte, gewürfelte Fleisch mit Speck, Salz, Pfeffer und Majoran dazugeben. Zuletzt die Erdäpfelscheiben darüber verteilen und alles in ca. 10 Minuten langsam durchrösten.

● Mit gehackter Petersilie bestreut servieren. Nach Belieben mit je einem gebratenen Spiegelei garnieren.

**Beilage:**

Zum Tiroler Gröstl servieren Sie am besten einen Speck-Krautsalat. Das echte Tiroler Gröstl wird mit gegartem hitzen, das Fleisch hineingeben und mit geschälten, geviertelten Zwiebeln sowie den zerdrückten Knoblauchzehen anbraten. Würzen. Mit Rotwein auffüllen, Kräuter hinzufügen und zugedeckt 1 1/4 Stunden schmoren lassen.

● Geschälte in Scheiben oder Viertel geschnittene Erdäpfel dazugeben und ca. 1/2 Stunde mitgaren lassen. Abschmecken.

# Krenfleisch

Wurzelgemüse:
- 1 - 2 gelbe Rüben (Karotten)
- 1/2 Stange Lauch (Porree)
- 1/2 Sellerieknolle
- 1/2 Petersilienwurzel
- 1,5 kg Siedfleisch (Rindfleisch: Hüfte, Brust oder Tafelspitzstück)
- 1 - 2 Zwiebeln
- 3 - 4 EL frisch geriebener Kren (Meerrettich)
- 1 - 2 EL Weinessig nach Belieben
- 1 Prise Zucker, Salz, Pfeffer
- 3 - 4 EL gehackter Schnittlauch

● In einem ausreichend großen Topf Wasser mit Salz, Pfeffer und dem geputzten, kleingeschnittenen Wurzelgemüse zum Kochen bringen. Das Rindfleisch kurz kalt abspülen, mit Küchenkrepp trockentupfen und in den Topf geben. Die Kochstelle herunterschalten und das Fleisch auf niedriger Stufe, leicht „köchelnd" in ca. 2 Stunden garziehen lassen.

● 1/2 Stunde vor dem Fertigwerden den frisch geriebenen Kren, evtl. unter Zugabe von etwas Essig, abgeschmeckt mit einer Prise Zucker, Salz und Pfeffer herrichten.

● Den Schnittlauch waschen und in Röllchen schneiden. Das Fleisch aus dem Topf nehmen, die Brühe durch ein feines Sieb gießen und evtl. nochmals abschmecken. Das Fleisch auf einer Platte anrichten, mit Brühe begießen, mit Schnittlauch bestreuen und mit dem vorbereiteten Kren servieren.

**Beilage:**
gekochte Erdäpfel

# Bauernschweinebraten

1,2 kg Schweinebraten (Halsgrat oder Schulter)
Salz, Pfeffer, ggf. Kümmel
1 Knoblauchzehe
1 - 2 EL Butterschmalz
3 - 4 Erdäpfel (Kartoffeln)
2 Zwiebeln
1 kleine Zucchini
100 g frische Champignons
1 - 2 kleine Tomaten

● Das Fleisch kurz kalt abspülen, mit Küchenkrepp trockentupfen und kräftig würzen. Mit zerdrücktem Knoblauch einreiben. In einer Bratreine in heißem Fett von allen Seiten anbraten, mit etwas Wasser auffüllen und bei 180 - 200° C im Backofen in 2 Stunden fertigbraten.

● Ca. 40 Minuten vor Garzeitende geschälte, gewaschene und geviertelte Erdäpfel um den Braten legen. 15 Minuten später Zucchiniwürfel, geputzte Champignons und Tomatenwürfel hinzufügen und mitbraten. Den Braten mit dem Gemüse servieren.

# Ente mit Weichseln

1 küchenfertige Ente von ca. 1,7 kg
1 - 2 TL Salz
1 TL edelsüßer Paprika
2 kleine Zwiebeln
2 Südtiroler Äpfel
etwas Estragon
Küchengarn
60 g Butter
2 cl Kirschwasser, Salz
300 g entsteinte Weichseln (Kirschen)
1/8 l trockener Rotwein
1 EL Speisestärke

● Die Ente kalt abspülen und innen und außen mit Küchenkrepp trockentupfen. Salzen und mit Paprikapulver einreiben. Die Zwiebeln schälen und in Ringe schneiden. Die Äpfel schälen, vierteln und entkernen. Zwiebeln und Äpfel mischen, mit Estragon bestreuen und in die Ente füllen. Mit Küchengarn zunähen.

● Eine größere Bratreine mit Butter ausfetten. Den Backofen auf 200 - 220° C vorheizen. Die Ente mit der Brust nach oben in die Bratreine le-

gen und mit Butterflöckchen besetzen. Ca. 2 Stunden offen braten, dabei nach etwa 30 Minuten etwas heißes Wasser zugießen. Zwischendurch die Ente mit der Bratflüssigkeit beschöpfen, falls nötig erneut etwas heißes Wasser hinzufügen. Kurz vor Ende der Bratzeit die Ente mit dem Kirschwasser, dem eine Prise Salz zugegeben wird, einpinseln, danach aus dem Backofen nehmen, das Garn entfernen und auf einer vorgewärmten Platte warmstellen.

- Die Weichseln durch ein Sieb abtropfen lassen und den Saft auffangen. Den Bratfond damit loskochen, die Weichseln hineingeben. Den Rotwein mit der Speisestärke glattrühren und dazugeben. Unter Rühren aufkochen lassen. Nochmals abschmecken und die Soße getrennt zur zerteilten Ente servieren.

**Beilage:** Knödel, Salat

# Huhn in Krensoße

1 frisches Huhn 1,2 - 1,5 kg
Salz, Pfeffer, 1 Zwiebel
1/2 l Hühnerbrühe
70 g geriebener Kren (Meerrettich)
70 g geschälte, geriebene Mandeln
40 g Mehl, 60 g Butter
gut 1/8 l Rahm (Sahne)
Ingwer nach Belieben

● Das Huhn kalt abspülen, mit Küchenkrepp trockentupfen und zerteilen. Würzen. In einen halbhohen Topf geben und mit der Hühnerbrühe knapp bedecken, evtl. noch etwas Wasser hinzufügen. Kren, Mandeln sowie geschälte, gehackte Zwiebel darauf verteilen. Einmal aufkochen lassen, dann zugedeckt in ca. 50 - 60 Minuten weich dünsten.

● Das Fleisch herausnehmen, auf eine große, tiefere Platte geben und warmstellen. Mehl mit Butter verkneten, zum Fond geben und diesen unter ständigem Rühren eindicken. Mit Rahm verbessern und nach Belieben mit Ingwer abrunden. Über das Hühnerfleisch geben und servieren.

**Beilage:**
gekochte Erdäpfel oder Reis

# Gebratener Fasan mit Trauben und Kösten

1 küchenfertiger Fasan von mind. 800 g
Salz, Pfeffer, 100 g Butter
2 Scheiben fetter Speck
300 g helle Trauben
200 g geschälte, vorgekochte Kösten (Kastanien)
2 EL Cognac
1/4 l Geflügelbrühe
1/2 Tasse Rahm (Sahne)

● Den Fasan kalt abspülen und mit Küchenkrepp trokkentupfen. Mit etwas Butter einpinseln mit Salz und Pfeffer würzen und mit Speckscheiben auf der Brustseite belegen, diese evtl. feststekken. In einer Bratreine etwas Butter schmelzen, den Fasan darin anbraten und beiseite stellen.

● Die Trauben waschen, halbieren und die Kerne entfernen.

● Die Kösten mit dem Cognac und der Brühe zum Fa-

san geben. Zugedeckt ca. 25 - 35 Minuten schmoren lassen, dabei einmal wenden, ca. 10 Minuten vor Bratzeitende die Trauben hinzufügen.

● Den Fasan aus dem Bräter nehmen, zerteilen und kurz warm stellen. Den Fond kurz aufkochen, mit Rahm verfeinern, abschmecken und mit dem Fasan servieren.

# Südtiroler Stockfischgröstl

1 kg Stockfisch
500 g festkochende Erdäpfel (Kartoffeln)
80 g Butter, Wasser
1 Knoblauchzehe, 1 Zwiebel
Salz, Pfeffer, Petersilie
1/8 l saurer Rahm (Sahne)

● Den Stockfisch einige Stunden, am besten über Nacht wässern. Die Erdäpfel in der Schale kochen, noch heiß schälen und in Scheiben schneiden. Den Stockfisch herausnehmen, abtropfen lassen, 10 - 15 Minuten in kochendes, leicht gesalzenes Wasser legen, dann abseihen und entgräten und in kleine Stücke schneiden.
● Die Butter schmelzen, geschälte und feingeschnittene Zwiebel darin glasig dünsten, Erdäpfelscheiben dazugeben und mitrösten. Mit gepreßtem Knoblauch, Salz und Pfeffer würzen.
● Die Fischstücke beigeben und mitrösten. Vorsichtig mischen, mit saurem Rahm verbessern und mit gehackter Petersilie bestreut servieren.
**Beilage:** Sauerkraut

# Forelle blau

1/4 l trockener Weißwein
4 EL Essig
2 gelbe Rüben (Karotten)
2 Zwiebeln
2 Zitronenscheiben
10 Pfefferkörner, Salz
1 - 2 Lorbeerblätter
4 küchenfertige Bachforellen, à 500 g
Butter

● Weißwein mit 1/2 l Wasser aufkochen. Essig, geputzte und in Scheiben geschnittene gelbe Rüben sowie geschälte, geviertelte Zwiebeln Zitronenscheiben, Salz, Pfefferkörner und Lorbeerblätter dazugeben und 15 - 20 Minuten „köcheln“ lassen.
● Inzwischen die Forellen kalt abspülen und trockentupfen. In ein halbhohes Gargefäß legen, mit dem Sud begießen und ca. 15 Minuten durchziehen lassen.
● Die Butter schmelzen. Die Forellen aus dem Sud heben, mit etwas geschmolzener Butter anrichten und mit Zitronenscheiben garnieren.
**Beilage:**
Gekochte Erdäpfel mit frischer Petersilie, Salat

# Forelle gebraten

| | |
|---|---|
| 4 küchenfertige Bachforellen, á 400 - 500 g | 150 g Butterschmalz |
| Salz, Pfeffer, Mehl | 1 Zitrone |
| Zitronensaft | frisch gehackte Petersilie |
| | 50 - 60 g Butter |

● Die Forellen kalt abspülen und mit Küchenkrepp trokkentupfen. Innen und außen würzen, mit Zitronensaft beträufeln und in Mehl wenden.

● Das Butterschmalz in einer großen Pfanne erhitzen, die Forellen hineinlegen und von beiden Seiten 12 - 15 Minuten braten. Mit Zitronenscheiben garnieren und mit Petersilie bestreuen. Kurz vor dem Servieren mit zerlassener Butter begießen.

# Köstenblaukraut

1 fester Blaukrautkopf (Rotkohl) von ca. 1 kg
1 EL Gänseschmalz
2 würzige Südtiroler Äpfel
50 ml Weinessig
50 ml Wasser
Salz, Pfeffer, 1 Zwiebel
2 - 3 Gewürznelken
400 g geschälte Kösten (Kastanien)

● Vom Krautkopf die äußeren Blätter abnehmen, dann vierteln, den Strunk entfernen und in schmale Streifen schneiden.
● In einem größeren Topf das Schmalz erhitzen, geschälte und gehackte Zwiebel kurz andünsten. Äpfel schälen, vierteln, vom Kernhaus befreien und würfeln. Mit dem Kohl hinzufügen, umrühren, Flüssigkeit und Gewürze dazugeben.
● Einmal aufkochen, dann bei milder Hitze 1 - 1 1/2 Stunden garziehen lassen. Zwischendurch mehrmals umrühren und evtl. Flüssigkeit nachgießen. 20 Minuten vor Garzeitende die Kösten dazugeben und unterrühren.

# Südtiroler Weinkraut

1 kg Sauerkraut
100 ml trockener Weißwein
Wasser, Salz, Pfeffer
2 kleine Zwiebeln
1 Lorbeerblatt
1 Knoblauchzehe
5 - 6 Pfefferkörner
2 - 3 Wacholderbeeren

● Das Kraut in einen Topf geben, Wein und so viel Wasser dazugeben, bis es knapp bedeckt ist. Geschälte, geachtelte Zwiebeln, Lorbeerblatt, gepreßte Knoblauchzehe, Pfefferkörner und Wacholderbeeren dazugeben.
● Im geschlossenen Topf 30 - 40 Minuten schmoren. Mit Salz und Pfeffer gewürzt servieren.

# Spinat mit Kösten

| | |
|---|---|
| 1 kg Blattspinat | 1 Knoblauchzehe |
| 50 g Butter | frisch geriebene Muskatnuß |
| 1 größere Zwiebel | 150 g geschälte, vorgekochte Kösten (Kastanien) |
| Salz, Pfeffer | |

● Den Spinat verlesen, waschen und abtropfen lassen. In einem großen Topf die Butter schmelzen, geschälte und feingehackte Zwiebel hinzufügen, kurz andünsten, dann den Spinat einfüllen und unter ständigem Wenden ca. 5 Minuten dünsten, bis die Blätter zusammenfallen. Mit Salz und Zitronensaft abschmecken.

● Die vorgekochten Kösten in etwas Butter anrösten und auf dem Spinat angerichtet servieren.

# Gebackene Schwammerl

800 g Schwammerl (Champignons)
Wasser, Salz
etwas Zitronensaft
1 Prise Zucker

Backteig:
300 g Mehl, Salz
3 EL Öl
4 Eidotter, 4 Eiweiß
ca. 300 ml Flüssigkeit (Wein, Bier oder Wasser
500 g Butterschmalz

● Die Schwammerl unter kaltem Wasser waschen, dabei evtl. abbürsten. Mit etwas Wasser, Salz, Zitronensaft und einer Prise Zucker in ca. 5 - 8 Minuten je nach Größe weichkochen. Abtropfen lassen.

● Für den Backteig das Mehl mit Salz, Öl, Eidotter und Flüssigkeit glattrühren. Eine 1/2 Stunde rasten lassen, dann erst steif geschlagenes Eiweiß unterheben.

● Das Butterschmalz erhitzen, die Schwammerl einzeln durch den Backteig ziehen und im Fett schwimmend goldbraun ausbacken. Abtropfen lassen und servieren.

# Gratinierte Zucchini

750 g Zucchini
400 g Erdäpfel (Kartoffeln)
Salz, Pfeffer
100 ml Rahm (Sahne)
30 g Butter
80 g geriebener Parmesan
1/2 Knoblauchzehe und Butter für die Form
etwas Thymian

● Den Backofen auf 180 - 200° C vorheizen. Eine größere Auflaufform mit der Knoblauchzehe ausreiben und mit Butter einfetten.

● Die Zucchini waschen, die Enden wegschneiden und in ca. 1 cm dicke Scheiben schneiden. Die Erdäpfel schälen und in dünne Scheiben hobeln, dann gut waschen und abtropfen lassen. Zucchini und Erdäpfel abwechselnd in die Form schichten. Kräftig würzen, mit Rahm übergießen, Butterflöckchen aufsetzen und mit der Hälfte des Käses bestreuen.

● 50 - 60 Minuten backen und kurz vor dem Servieren den restlichen Käse daraufgeben. Nach Belieben mit Thymian würzen.

# Spinatknödel

- 300 g altbackenes Weißbrot
- knapp 1/4 l warme Milch
- 750 g vorgekochter, passierter Spinat
- 1 gepreßte Knoblauchzehe
- 1 kleine Zwiebel, 60 g Butter
- Salz, Pfeffer, Muskat
- 2 EL Mehl, 2 Eier
- 1 - 2 EL Semmelbrösel
- 3 EL geriebener Parmesan

● Das Brot in feine Scheiben schneiden und mit der Milch übergießen. Vorgekochten, passierten Spinat mit Knoblauch würzen. Kleingeschnittene Zwiebel in zerlassener Butter anschwitzen, Spinat dazugeben und ca. 5 Minuten schmoren lassen. Mehl und Semmelbrösel zur Brotmasse geben, die verquirlten Eier und den Spinat dazugeben. Gut vermischen.

● Aus der Masse 10 - 12 kleine Knödel formen, in aufgekochtes Salzwasser legen, darin langsam ziehend in ca. 15 - 20 Minuten garen lassen.

● Abgetropft mit Parmesan bestreuen und mit zerlassener Butter überzogen sofort servieren.

# Speckknödel

250 g durchwachsener Speck

150 g Schinken, Butter

300 g altbackenes Weißbrot

3 Eier, 1/8 l Milch

1 EL Butter, ca. 3 EL Mehl

je 1 EL gehackte Petersilie und Schnittlauch

Salz, Pfeffer

● Speck und Schinken in Würfel schneiden. In einer Pfanne mit Butter abrösten. Über das kleingeschnittene Brot geben. Die Eier mit der Milch versprudeln und darübergießen. Butter, Mehl, Petersilie und Schnittlauch hinzufügen, abschmecken. Gut mischen und ca. 20 Minuten rasten lassen.

● Reichlich Salzwasser erhitzen, mit nassen Händen 8 Knödel formen, in das heiße Wasser geben, die Kochplatte herunterschalten und die Knödel ca. 15 Minuten garziehen lassen, abtropfen und servieren.

# Spinatspatzlen mit Schinken

800 - 900 g Spinat, Butter
Salz, Pfeffer, Muskat
350 g Mehl, ca. 1/8 l Wasser
40 g Butter, 2 - 3 Eier
180 g Schinken
1/8 l trockener Weißwein
1/8 l Rahm (Sahne)
geriebener Parmesan

● Den Spinat verlesen, waschen und abtropfen lassen. Die Butter in einem großen Topf schmelzen, den Spinat einfüllen, würzen und ca. 5 Minuten unter ständigem Wenden dünsten, bis die Blätter zusammenfallen. Abtropfen, passieren und abkühlen lassen.

● Den Spinat mit Mehl, Wasser, Eiern und Salz zu einem geschmeidigen Teig verrühren. Ca. 1/2 Stunde rasten lassen. Durch eine Spatzlpresse in kochendes Wasser drücken. Sobald die Spatzlen aufsteigen, herausheben, abseihen und kurz mit kaltem Wasser abschrecken.

● Die Butter in einer Pfanne zerlassen, Schinkenwürfel hineingeben, mit Weißwein ablöschen, den Rahm hinzufügen, würzen und den Parmesan dazugeben.

● Die gekochten Spatzlen hineingeben, unter Rühren alles mischen und erhitzen, dann sofort servieren.

# Polenta

1 1/2 l Wasser, Salz, Butter
400 g Polentamehl (Maisgrieß)
Butter oder Parmesan

● Wasser mit Salz und 1 EL Butter aufkochen. Das Polentamehl einrieseln lassen und unter beständigem Rühren kochen. Erst nach ca. 5 Minuten die Kochplatte herunterschalten und die Polenta so lange garziehen lassen, bis sich die Masse vom Löffel löst, dabei immer wieder umrühren. (Gesamtzeit ca. 30 - 40 Minuten.) Auf ein Holzbrett stürzen und erkalten lassen.

● Mit Hilfe von Küchengarn in dicke Scheiben oder Rechtecke schneiden. In einer Pfanne mit Butter abschmelzen oder mit Parmesan bestreut auf einem Backblech im Ofen überbacken.

# Kasnudeln

| | |
|---|---|
| 400 g Mehl | 2 - 3 EL Rahm (Sahne) |
| 3 Eier, Salz | gehackte Kräuter, Pfeffer |
| 150 g vorgekochte Erdäpfel (Kartoffeln) | 2 Eier |
| | 80 g Butter |
| 300 g Topfen (Quark) | gehackte Petersilie |

● Mehl mit Eiern in eine Schüssel geben, salzen und zu einem weichen Teig verkneten. Mindestens 30 Minuten rasten lassen.

● Dic goschälten Erdäpfel durchpressen und mit allen anderen Zutaten (ohne Butter) gut verrühren.

● Den Teig auf bemehlter Arbeitsfläche dünn ausrollen. Runde Kreise von ca. 8 - 10 cm ausstechen, darauf ca. 1 EL Füllung geben, umklappen und am Rand festpitschen.

● In kochendem Salzwasser ca. 13 - 15 Minuten garen, herausnehmen, abtropfen lassen und mit abgebräunter Butter übergießen. Mit Petersilie bestreut servieren.

# Riebler

800 g festkochende Erdäpfel (Kartoffeln)
2 - 3 Eier
Salz, Mehl
2 - 3 EL Butter

● Die Erdäpfel in der Schale garkochen, noch heiß schälen und passieren. Nach dem Erkalten mit Eidottern und Salz mischen. Mit einer Gabel durcharbeiten und so viel Mehl zugeben, bis kleine „Flöckchen" entstehen.
● In einer größeren Pfanne die Butter erhitzen und die Masse darin unter ständigem Rühren goldbraun rösten.

# Schwarzplenten – Riebler

6 - 7 EL Schwarzplentenmehl (Buchweizenmehl)
1 EL Weizenmehl
450 ml Milch, Salz
2 Eier
2 würzige Südtiroler Äpfel
2 - 3 EL Butter
Zucker

● Die Mehlsorten mischen. Milch und Salz dazugeben, die Eier hinzufügen und alles gut verrühren. Die Äpfel schälen, vierteln, vom Kernhaus befreien und grob raspeln.
● Die Butter in einer größeren Pfanne erhitzen, den Teig einfüllen, mit den Apfelraspeln bestreuen und langsam von beiden Seiten backen, dann erst mit einer Gabel in Stücke teilen und unter weiterem Rühren fertigbacken. Warm mit Zucker bestreut servieren.

# Hausnudeln

400 g Mehl
2 Eier, Salz
ca. 1 Tasse Wasser
80 - 90 g Butter

● Aus Mehl, Eiern, etwas Salz und Wasser einen geschmeidigen, glatten Teig kneten. Mindestens 20 Minuten rasten lassen. Die Arbeitsfläche bemehlen, den Teig darauf dünn austreiben, mit Mehl bestäuben, aufrollen und in dünne Scheiben schneiden.
● Etwas trocknen lassen. Inzwischen reichlich Salzwasser aufkochen, die Nudeln hineingeben, ca. 10 Minuten kochen, abseihen, kalt abschrecken und in heißer Butter geschwenkt servieren.

# Kasknödel

| | |
|---|---|
| 300 g altbackenes Weißbrot | 100 g Butter |
| 4 Eier | 150 g Käse (z. B. Emmentaler) |
| 1/8 l Milch | 60 g Mehl |
| 1 Zwiebel, Salz, Muskat | |

● Das Brot in feine Scheiben schneiden. Die Eier mit der Milch versprudeln und über das Brot geben. Die geschälte, fein geschnittene Zwiebel in Butter glasig dünsten. Den Käse in sehr feine Würfel schneiden und alles zusammen mit dem Mehl zum Brot geben. Gut mischen, mit etwas Salz und Muskat würzen.

● Aus der Masse 8 - 10 Knödel formen, in aufgekochtes Salzwasser geben und darin langsam ziehend ca. 15 Minuten garen lassen.

# Bratäpfel

4 Bratäpfel (z. B. Reinette oder Boskop)

4 TL Johannisbeerkonfitüre

Butterflöckchen

Zucker, etwas Wasser

Butter für die Form

● Den Backofen auf 200 - 220° C vorheizen. Die Äpfel waschen und das Kernhaus ausstechen. Eine Bratreine mit Butter einfetten, die Äpfel hineinsetzen und mit der Konfitüre füllen. Butterflöckchen aufsetzen und die Äpfel obenauf mit Zucker bestreuen. Etwas Wasser in die Form gießen.

● Diese in den Backofen einsetzen und die Äpfel ca. 30 Minuten braten. Zwischendurch evtl. etwas Wasser nachgießen.

# Strauben

1/4 l Milch

etwas Salz

200 g gesiebtes Mehl

2 Eier

1 EL Rum oder Schnaps

Backfett (Butterschmalz)

● Milch langsam aufkochen lassen, salzen und das Mehl gesiebt dazurühren. Eidotter und Schnaps dazumischen, rasten lassen.

● Den steif geschlagenen Schnee vorsichtig unterziehen.

● Den Teig aus einem Straubentrichter oder einem Spritzbeutel kreisförmig bis etwa zu Tellergröße in das heiße Backfett einlaufen lassen. Die Strauben noch warm mit Staubzucker bestreuen und sofort servieren.

# Marillenknödel

Teig:

400 - 450 g mehlige Erdäpfel (Kartoffeln), vorgekocht

1 Prise Salz

125 g Mehl

30 g feiner Grieß

30 g Butter

2 Eidotter

Schale einer 1/2 ungespritzten Zitrone

Füllung:

500 g Marillen (Aprikosen)

5 - 6 Stück Würfelzucker

Salzwasser

100 g Butter, Zucker

ca. 125 g Semmelbrösel

● Die Erdäpfel heiß schälen und durch eine Kartoffelpresse drücken. In eine Rührschüssel geben, Salz, Mehl, Grieß, weiche Butter und Eidotter hinzufügen und zu einem glatten Teig verarbeiten. Ca. 30 Minuten rasten lassen.

● Die Marillen waschen und den Kern herausdrücken. Halbierte Zuckerwürfel hineingeben. Den Teig zu einer ca. 5 cm dicken Rolle formen und in 30 - 40 g schwere Stücke teilen. Diese etwas flach drücken und die Marillen damit umhüllen, zusammendrücken und nachformen.

● 2 Liter leicht gesalzenes Wasser erhitzen, die Knödel hineingeben, kurz aufkochen, dann herunterschalten und die Knödel in 6 - 8 Minuten garen.

● Inzwischen Butter und Semmelbrösel anrösten. Die Marillenknödel gut abtropfen lassen, in den Butterbröseln wälzen und mit Zucker bestreut sofort servieren.

# Buchteln mit Vanillesoße

Für die Buchteln:

500 g Mehl, Salz

30 g Germ (Hefe)

ca. 150 ml lauwarme Milch

50 - 75 g Zucker

1 EL Vanillezucker

1 Ei, 80 g weiche Butter

etwas abgeriebene Zitronenschale

100 g Butter zum Backen

Konfitüre oder Zwetschgenmus zum Füllen

Für die Soße:

1/2 l Milch, etwas Salz

1/2 Vanilleschote, aufgeschlitzt

2 Eidotter, 75 g Zucker

20 g Speisestärke

60 g Rahm (süße Sahne) nach Belieben

● Mehl mit Salz in eine Rührschüssel sieben, in die Mitte eine Mulde eindrücken, Germ zerbröckeln, in die Mulde geben, die Milch darüber verteilen und mit etwas Mehl und Zucker verrühren. Zugedeckt an einem warmem Ort ca. 20 - 30 Minuten gehen lassen. Vanillezucker, Butter, Zitronenschale und Ei hinzugeben und zu einem weichen Teig verarbeiten, der sich gut vom Schüsselrand lösen muß.

● Den Teig auf bemehlter Arbeitsfläche ca. 2 cm dick austreiben, in Quadrate schneiden, darauf je 1 Teelöffel Konfitüre oder Zwetschgenmus geben und zusammenfassen.

● Eine Bratreine oder hitzebeständige Auflaufform mit etwas Butter ausstreichen und die Buchteln mit der glatten Seite nach oben nebeneinander hineinsetzen. Abgedeckt nochmals 15 - 20 Minuten gehen lassen. Anschließend mit der Butter bestreichen und in den heißen Backofen setzen. 30 - 45 Minuten backen, zwischendurch nochmals mit Butter bestreichen. Wenn die Oberfläche schön hellbraun geworden ist, sind die Buchteln fertig.

● Während der Backzeit die Vanillesoße zubereiten. Hierzu die Milch mit dem Salz und der Vanilleschote aufkochen. In einem zweiten Topf Eidotter mit Zucker schaumig rühren, Speisestärke zugeben und glattrühren. Nach und nach unter ständigem Rühren die Vanillemilch daden Senf und die Crème fraîche untermischen. Mit Salz, Pfeffer und Muskat abschmecken. Den Spinat kurz in kochendes Salzwasser geben, eiskalt abschrecken und sehr gut abtropfen lassen.

● Die Fleischscheiben ausbreiten, salzen und pfeffern und den Spinat als dünne Schicht darauf legen, mit der Lebermasse betreichen und zusammenrollen, mit Zahnstocher zustecken. In der restlichen Butter rundum kräftig anbraten.

● Die Zucchini waschen und längs in feine Streifen schneiden. Die Nudeln in 8 - 10 Minuten „al dente" kochen, abgießen und die Zucchinistreifen untermischen. Warmstellen.

● Die Röllchen aus der Pfanne nehmen, die Pilze grob hacken und in der Pfanne kurz anbraten, mit dem Einweichwasser ablöschen, die Crème double unterrühren und die Soße um ein Drittel einkochen, mit Salz und Pfeffer würzen und die Röllchen wieder hineinlegen und erhitzen. Auf vier vorgewärmte Teller mit den Zucchininudeln verteilen.

Als Getränk paßt dazu: Kalterersee Auslese.

# Beerensülze

mit Sektschaum

250 g gemischte, frische Beeren der Saison

8 Blatt weiße Gelatine

1/2 l weißer Traubensaft

2 Eidotter, 2 EL Puderzucker

1/4 l trockener Südtiroler Sekt

● Die Beeren waschen, putzen und falls nötig halbieren. Die Gelatine einweichen und auflösen. Unter den Traubensaft mischen. Eine Form dünn damit ausgießen und die Gelatine festwerden lassen. Die Beeren darauf verteilen, mit der restlichen Flüssigkeit übergießen und im Kühlschrank in ca. 2 Stunden festwerden lassen.

● Für die Soße die Eidotter mit dem Puderzucker verrühren. Die Schüssel in ein Wasserbad stellen. Mit dem Schneebesen kräftig schlagen, den Sekt zufließen lassen, weiterschlagen bis die Masse cremig ist. Die Sülze stürzen und in Scheiben schneiden, auf Teller verteilen. Mit der Soße etwas begießen.

Getränk: Südtiroler Sekt.

## Zu den Rezepten:

Alle Rezepte sind für vier Personen berechnet, nur die Rezeptmenge einiger Mehlspeisen ist etwas größer gewählt, da diese gerne auch als Hauptgericht serviert werden. Die Angaben für das Backen beziehen sich auf Backöfen mit Ober- und Unterhitze. Möchten Sie hierfür die Heißluft einsetzen, so stellen Sie ca. 20° niedriger ein. Die Backzeiten bleiben gleich.

## Zum Gebrauch des Buches

Es werden mehrfach Abkürzungen benutzt, die nachstehend kurz erklärt werden:

| | |
|---|---|
| EL | Eßlöffel |
| TL | Teelöffel |
| Msp | Messerspitze |
| g | Gramm |
| kg | Kilogramm |
| l | Liter |
| cl | Zentiliter |
| geh. | gehäuft |
| gem. | gemahlen |
| Pa | Päckchen |

## Bildnachweis:

Titelbild: Fotostudio Sattelberger, München
Umschlagrückseite: Agentur Tübke & Partner, München
Landesausschuß d. autonomen Provinz Bozen: 2, 3, 11, 13, 42, 47, 69, 70
Fa. R. Bosch, Hausgeräte GmbH, München: 5
Fa. Tübke & Partner, München: 1, 6, 68, 76, 78
Fotostudio Teubner, Füssen: 23, 25, 29, 33, 35, 37, 41, 49, 61, 64, 65
Fotostudio Sattelberger, München: 19, 39, 53, 56, 64, 67
Siggloch Edition, Künzelsau: 17, 43, 45
Komplettbüro GmbH, München: 23, 24, 25, 32, 41, 55
Fa. Knorr, Maizena, Heilbronn: 51
Fa. Oetker, Bielefeld: 57

Autorin und Verlag danken den oben genannten Unternehmen für die umfangreiche Bereitstellung des Bildmaterials. Ein besonderer Dank richtet sich an die Agentur Tübke & Partner GmbH in München sowie an Herrn Arthur Leimgruber, Kaltern, für ihre freundliche Unterstützung.

Verlagsnummer: 1701
ISBN 3-85491-683-3



Fax 0043 (0)512/265561-8
e-mail: kompass@kompass.at
http://www.kompass.at
5. Auflage 2002

Butter und etwas lauwarmem Wasser zu einem geschmeidigen Teig verarbeiten. Aus dem Teig eine ca. 5 cm dicke Rolle formen, dünne Scheiben abschneiden, mit Hilfe des Nudelholzes zu einem dünnen, etwa handtellergroßen Blatt austreiben, mit Krautfüllung belegen, darauf ein zweites „Tirtl" geben und an den Rändern festpitschen.
● Das Backfett erhitzen und die Tirtlen darin nach und nach hellbraun ausbacken. Heiß servieren.

**Variation:**
**„Pusterer Tirtlen"**

Anstelle der Krautfülle können Sie die Tirtlen auch mit einer Spinat-Topfen-Füllung zubereiten. Hierzu wird ca. 250 g gekochter passierter Spinat in 30 - 50 g zerlassener Butter gedünstet, mit Salz, Pfeffer und Muskat abgeschmeckt und mit 250 g Topfen vermischt. Nach dem Abkühlen die Tirtlen wie beschrieben füllen, ausbacken und heiß servieren.

# Hirnpofesen

- 300 g Kalbshirn
- 1 kleine Zwiebel
- 1 EL Butter, 2 Eidotter
- Petersilie, Salz, Pfeffer
- je nach Größe 8 - 10 dünne Weißbrotscheiben
- ca. 1/4 l Milch
- Mehl, 2 - 3 Eier
- reichlich Backfett (z. B. Butterschmalz) oder Öl

● Das Kalbshirn waschen, enthäuten und mindestens 30 Minuten wässern. Die Zwiebel schälen, fein hacken und in der Butter glasig dünsten. Das Hirn mit Küchenkrepp trockentupfen, kleinschneiden, dazugeben, gut durchrösten und mit frisch gehackter Petersilie, Salz sowie Pfeffer abschmecken. Die Eidotter hinzufügen und weiterrühren, bis die Masse stockt.
● Dünn auf je eine Brotscheibe streichen, mit einer zweiten Scheibe belegen, etwas festdrücken, mit Milch beträufeln und leicht mit Mehl bestäuben.
● Das Backfett erhitzen. Die Eier aufschlagen, evtl. würzen und die vorbereiteten Brotscheiben eintauchen. In Fett schwimmend ausbacken.

# Preßknödel

350 g Knödelbrot (oder 5 - 6 altbackene Semmeln)
150 g Graukas
2 Eier
3 - 4 größere, gekochte Erdäpfel (Kartoffeln)
knapp 1/4 l Milch
2 - 3 EL Mehl, Öl

● Knödelbrot (oder kleingewürfelte Semmeln), Graukas, Eier und zerdrückte oder passierte Erdäpfel gut vermischen.
● Mit der Milch übergießen, etwas durchziehen lassen, dann das Mehl unterrühren.
● Aus der Masse gleichgroße Knödel formen, diese dann flachpressen und in heißem Öl von beiden Seiten langsam goldbraun anbraten und anschließend sofort in kochendem Salzwasser ca. 10 Minuten leicht sieden. Nach Belieben mit Sauerkraut oder Salat servieren.

# Spargel, Bozner Art

1,2 kg Spargel
60 g Butter
Salz, 1 Prise Zucker
Soße:
4 Eier, 1 TL Senf
1 TL Zitronensaft, ca. 1/8 l Öl
2 EL trockener Weißwein
Salz, Pfeffer
2 EL gehackte Petersilie
1 EL gehackter Schnittlauch

● Den Spargel schälen. Trockene oder holzige Enden abschneiden. Waschen. In einen größeren, halbhohen Topf (oder Pfanne) legen und knapp mit Wasser bedecken. Butter, Salz und eine Prise Zucker dazugeben. 15 - 20 Minuten dünsten, dabei einmal wenden.
● In der Zwischenzeit die Eier hartkochen, abschrecken und schälen. Die Dotter herauslösen, durch ein Sieb passieren und langsam mit dem Öl glattrühren. Alle anderen Soßenzutaten hinzufügen und weiterrühren. Zuletzt das grob gehackte Eiweiß untermischen.
● Den Spargel auf einer vorgewärmten Platte anrichten und die Soße separat dazu servieren.

Schweinefleisch zubereitet. Verwendet man stattdessen Rindfleisch, so wird es zu einem „Bauerngröstl".

Für ein „Herrengröstl" benötigen Sie reichlich geschnetzeltes, vorgebratenes Kalbfleisch.

# Rindsbraten St. Magdalena

1 - 1,2 kg Rindfleisch
100 g fetter Speck
60 g Butterschmalz
1 gelbe Rübe (Karotte)
1 Zwiebel
1/4 Sellerieknolle
1/2 Stange Lauch (Porree)
1/4 l St. Magdalena-Wein
Salz, Pfeffer, 1 Loorbeerblatt
1 Knoblauchzehe
1/8 l Fleischbrühe
1 geh. TL Speisestärke

● Das Fleisch kurz kalt abspülen und mit Küchenkrepp trockentupfen. Den Speck in lange Streifen schneiden und damit den Braten unter Verwendung einer Spicknadel spicken.
● In einer Bratreine (mit Dekkel) das Fett erhitzen und den Braten darin von allen Seiten anbraten. Geschälte, kleingeschnittene gelbe Rüben, Zwiebel, Sellerie und Lauch dazugeben. St. Magdalena-Wein angießen und Salz, Pfeffer, Lorbeerblatt und gepreßten Knoblauch zum Gemüse geben.
● Bei 200 - 220° C den Braten zugedeckt ca. 2 Stunden braten. Zwischendurch mindestens einmal wenden, dabei die Brühe hinzugeben.
● Das Fleisch auf eine vorgewärmte Platte geben und warmstellen.
● Für die Soße den Fond loskochen, passieren, mit in kaltem Wasser angerührter Speisestärke binden und evtl. nochmals abschmecken. Die Soße separat zum Fleisch reichen.

**Beilage:**
Spatzlen

# Bauernschöpsernes

1 kg Schöpsenfleisch (z. B. Hammelschulter)
80 g Butterschmalz
2 Zwiebeln
2 Knoblauchzehen
Salz, Pfeffer
gut 1/8 l Rotwein
etwas Salbei, Rosmarin
1 kleines Lorbeerblatt
700 g Erdäpfel (Kartoffeln)

● Das Schöpsenfleisch kalt abspülen, mit Küchenkrepp trockentupfen und in größere Stücke zerteilen. Das Fett er-

zugeben und noch etwas aufköcheln lassen. Die Vanilleschote entfernen und die Soße unter gelegentlichem Umrühren abkühlen lassen. Mit Rahm verfeinern.

# Köstenkoch

300 g Kösten (Kastanien)

150 g Butter

130 g Zucker

6 Eidotter, 6 Eiweiß

125 g gemahlene Mandeln

etwas Zimt

abgeriebene Schale einer ungespritzten Zitrone

Butter und Semmelbrösel für die Form

● Die Kösten waschen, auf der runden Seite tief einschneiden, auf ein nasses Backblech legen und 10 - 15 Minuten im Backofen bei 200 - 220° C braten, bis sie aufspringen. Anschließend etwas abkühlen lassen, schälen und in ca. 20 - 30 Minuten garkochen. Noch heiß durch ein großes Sieb passieren und abkühlen lassen.

● Die Butter mit dem Handrührgerät oder in der Küchenmaschine sehr schaumig rühren. Zucker, Eidotter, gemahlene Mandeln und die Kösten untergeben, weiterrühren. Eiweiß mit Zimt und Zitronenschale schnittfest schlagen und untermengen.

● Eine feuerfeste Form fetten und mit Semmelbröseln ausstreuen, die Köstenmasse einfüllen und bei 180° C im vorgeheizten Backofen 40 - 50 Minuten garen. Nach Belieben überzuckern und warm servieren.

# Mohnnudeln

Erdäpfelteig (Kartoffelteig) wie Rezept „Marillenknödel"

Mehl, 60 g Butter

125 g gem. Mohn

3 - 4 EL Staubzucker (Puderzucker)

● Den Erdäpfelteig, wie im Rezept „Marillenknödel" beschrieben, zubereiten. Reichlich leicht gesalzenes Wasser erhitzen.

● Den Teig zu einer ca. 5 cm dicken Rolle formen, davon Scheiben abschneiden und daraus ca. 8 cm lange „Nudeln" formen. In das Wasser geben, sofort herunterschalten und die Nudeln ca. 6 - 8 Minuten garen.

● Den Mohn in Butter anrösten. Die Nudeln abseihen und in der Mohnbutter wälzen. Mit Staubzucker bestreut servieren.

# Apfelkiechl

Backteig:

125 g gesiebtes Mehl

1/8 l trockener Südtiroler Weißwein

30 g weiche Butter

1 Prise Salz

2 Eier

1 - 2 EL Zucker

1 - 2 TL Rum

3 - 4 würzige Südtiroler Äpfel

Rum, Zitronensaft

Backfett (z. B. Butterschmalz) oder Öl

Zimt, Zucker

● Für den Backteig zunächst Mehl mit Weißwein in eine Rührschüssel geben, mit dem Elektroquirl glattrühren, dann mit Butter, Salz, Eiern, Zucker und Rum zu einem dickflüssigen Teig verrühren. Diesen Backteig ca. 30 Minuten an einem warmen Ort stehen lassen.

● Inzwischen die Äpfel schälen, das Kerngehäuse ausstechen und in ca. 1/2 cm dicke Scheiben schneiden. Mit Zucker bestreuen. Rum und Zitronensaft darüberträufeln.

● Das Backfett erhitzen. Die Apfelscheiben einzeln durch den Teig ziehen, im Fett schwimmend goldbraun ausbacken und auf Küchenkrepp abtropfen lassen. Zimt mit Zucker mischen, über die Apfelkiechl streuen und warm servieren.

# Apfelstrudel

Teig:

200 g Mehl, 1 Ei

1 EL Öl, Salz

60 - 80 ml Wasser

Füllung:

70 g Rosinen

2 EL Rum

1 1/2 kg säuerliche Äpfel

120 g Zucker, Zimt

100 g Semmelbrösel

100 g Butter für den Teig

Staubzucker (Puderzucker)

80 g Butter zum Bestreichen

● Das Mehl in eine Schüssel sieben. In die Mitte eine Mulde eindrücken. Ei, Öl und Salz hineingeben und das Ganze zu einem glatten Teig verkneten. So viel Wasser hinzugeben, bis der Teig eine mittelfeste Konsistenz hat. Anschließend von Hand so lange weiterkneten, bis er „seidig" glänzt. Etwa 30 Minuten rasten lassen.

● Für die Füllung die Rosinen mit Rum beträufeln und ziehen lassen. Die Äpfel schälen, vierteln, vom Kernhaus befreien und raspeln. Zucker mit Zimt gemischt darüberstreuen.

● Auf einem Tisch ein großes Backtuch ausbreiten und mit Mehl bestreuen. Den Teig darauf sehr dünn ausrollen und langsam von Hand nach außen ziehen. Die dickeren Teigenden gegebenenfalls wegschneiden.

● Den Backofen vorheizen. Das Backblech einfetten. Den Teig mit Semmelbröseln bestreuen und zu 2/3 mit Äpfeln belegen. Darüber die Rosinen verteilen. Die seitlichen Teigränder einschlagen und den Strudel mit Hilfe des Tuches aufrollen. Aus dem Tuch auf das Backblech gleiten lassen und mit Butter bestreichen. Bei 200 - 220° C ca. 40 - 50 Minuten backen. Dabei gelegentlich mit Butter bestreichen, mit Staubzucker bestreut servieren.

# Scheiterhaufen

8 altbackene Semmeln (Brötchen)

1/2 l lauwarme Milch

weiche Butter für die Form

50 g weiche Butter

80 g Zucker, 2 EL Rum

4 Eidotter (Eigelb), 4 Eiweiß

abgeriebene Schale einer 1/2 ungespritzten Zitrone

50 g Rosinen

30 g gehackte Haselnüsse

500 g Südtiroler Äpfel

30 g Butterflöckchen

● Die Semmeln in kleine Würfel schneiden, in eine Rührschüssel geben, mit der Milch übergießen und ca. 30 Minuten stehen lassen.

● Den Backofen auf 200 - 220° C vorheizen.

● Eine größere Auflaufform einfetten. Aus Butter, Zucker, Eidotter, Rum und Zitronenschale eine Schaummasse rühren, die eingeweichten Semmeln, Rosinen und Haselnüsse untermischen.

● Äpfel schälen, vierteln, vom Kerngehäuse befreien und feinblättrig schneiden. Unter die Masse mischen. Eiweiß steif schlagen und locker unterheben. Die Masse in die vorbereitete Auflaufform füllen, mit Butterflöckchen belegen und 40 - 50 Minuten goldbraun backen.

# Kniekiechl

500 g Mehl

1/2 Tasse lauwarme Milch

30 g Germ (Hefe), 1 EL Zukker

3 Eidotter (Eigelb)

50 g weiche Butter

abgeriebene Schale einer 1/2 ungespritzten Zitrone

ca. 1/4 l Milch

Butterschmalz zum Ausbakken

Preiselbeerkonfitüre

2 EL Staubzucker (Puderzukker)

● Das Mehl in eine Rührschüssel sieben, in die Mitte eine Mulde eindrücken, Germ hineinbröckeln und mit etwas Milch und Zucker verrühren. Zugedeckt an einem warmen Ort ca. 30 Minuten gehen lassen. Eidotter, Butter, Zitronenschale und die restliche Milch dazugeben. Den Teig so lange verarbeiten, bis er glatt ist und sich gut vom Schüsselrand löst.

● Nochmals zugedeckt ca. 15 - 20 Minuten gehen lassen. Auf bemehlter Arbeitsfläche ausrollen, in gleichgroße Stücke schneiden, diese zu Kugeln formen und wieder gehen lassen.

● Das Fett erhitzen. Mit beiden Händen die Kugeln etwas auseinanderziehen, so daß mittig eine Vertiefung entsteht. Ausbacken und dabei einmal wenden.

● Abtropfen und erkalten lassen. Die Vertiefung nach Belieben mit Konfitüre füllen.

# Oster-Fochaz

Teig:

1 kg Mehl

30 g Germ (Hefe)

75 g Zucker

1/4 l Milch, lauwarm

3 Eidotter (Eigelb)

1/2 TL Salz

125 g zerlassene Butter

Zum Bestreichen:

1 Eidotter, 2 EL Milch

● Das Mehl in eine Schüssel sieben, eine Mulde eindrükken, Germ hineinbröckeln und mit etwas Milch und Zukker verrühren. Zugedeckt an einem warmen Ort ca. 30 Minuten gehen lassen. Die restliche Milch, Eidotter, Salz und Butter dazugeben und zu einem glatten Teig verarbeiten, der sich gut vom Schüsselrand lösen muß. Nochmals 15 - 20 Minuten gehen lassen.

● Den Backofen auf 180 - 200° vorheizen. Den Teig in drei gleichgroße Stücke teilen, aus jedem Teil eine Rolle von 50 cm Länge formen. Aus den drei Strängen einen Zopf flechten und an den Enden zu einem runden Kranz zusammendrücken. Auf einem gefetteten Backblech nochmals etwas gehen lassen, mit verquirltem Eidotter bestreichen und in 35 - 45 goldbraun backen.

# Völser Schüttelbrot

| | |
|---|---|
| 750 g Roggenmehl | ca. 800 ml Wasser |
| 250 g Weizenmehl | 30 g Germ (Hefe) |
| Brotklee, Fenchel | Mehl zum Bestäuben |
| gem. Kümmel, Salz | Fett für das Backblech |

● Die Mehlsorten mit den Gewürzen und dem Salz gut mischen. Germ in etwas lauwarmen Wasser auflösen, mit der restlichen Flüssigkeit zur Mehlmischung geben und zu einem weichen Teig verkneten. Den Teig ca. 1 Std. gehen lassen, dann handtellergroße Teigstücke formen, auf die mit einem bemehlten Brottuch ausgelegte Arbeitsfläche legen und zugedeckt nochmals ca. 30 Minuten gehen lassen.

● Den Backofen auf 200 - 220° C vorheizen. Die Teigstücke nach dem Aufgehen auf mit reichlich Mehl bestäubte Teller (Durchmesser 30 cm) legen und immer wieder einmal „im Kreis schütteln", bis der Teig fast die Tellergröße erreicht hat.

● Das Backblech einfetten und mit Mehl bestäuben. Die Brote durch umdrehen darauf gleiten lassen und in ca. 25 - 30 Minuten gut gebräunt abbacken.

# Vinschger Paarlen

| | |
|---|---|
| 600 g helles Roggenmehl | 1/2 EL Anis |
| 600 g dunkles Roggenmehl | 1 1/2 Pa fertiger Sauerteig oder 250 g selbst angesetzter Sauerteig |
| 150 g Weizenmehl | |
| Fenchel, Kümmel, Brotklee | |
| 1 EL Salz | ca. 3/4 l lauwarmes Wasser |

● Die Mehlsorten mit den Gewürzen, dem Salz und Anis mischen. In die Mitte eine Mulde eindrücken, den Sauerteig hineingeben und etwas Wasser angießen. Alles langsam zu einem weichen Teig verkneten, dabei das restliche Wasser nach und nach hinzufügen. Ca. 30 - 45

Minuten, oder etwas länger, gehen lassen. Den Backofen auf 250° vorheizen.

● Faustgroße Stücke abteilen, davon jeweils zwei nebeneinander auf ein gefettetes und bemehltes Blech legen und zugedeckt nochmals ca. 15 - 20 Minuten gehen lassen, dann in den Backofen geben und diesen auf 200° C herunterschalten.

● Die Brote ca. 20 - 30 Minuten backen, dann gegebenenfalls den restlichen Teig auf gleiche Weise abbacken.

# Mandelgugelhupf

| | |
|---|---|
| 400 g Mehl | 1/8 l Rahm (süße Sahne) |
| 100 g gemahlene Mandeln | 75 g Rosinen |
| 35 g Germ (Hefe) | 4 EL Rum |
| 1/8 l lauwarme Milch | abgeriebene Schale 1/2 unbehandelten Zitrone |
| 150 g Zucker | |
| 150 g weiche Butter | Staubzucker (Puderzucker) |
| 5 Eier | Butter und Semmelbrösel für die Form |
| 1 Prise Salz | |

● Das gesiebte Mehl mit den Mandeln in einer Rührschüssel mischen. In die Mitte eine Mulde eindrücken, Germ hineinbröckeln und mit etwas warmer Milch sowie Zucker verrühren. Zugedeckt an einem warmen Ort ca. 15 - 20 Minuten gehen lassen.

● Den Backofen auf 180 - 200° C vorheizen.

● Restliche Milch und Zukker, weiche Butter, Eier, Salz und Rahm sehr gut verrühren. Rosinen, Rum und Zitronenschale dazugeben und diese Mischung zum Germ-Vorteig geben. Alles zu einem geschmeidigen Teig verarbeiten, der sich gut vom Schüsselrand lösen sollte.

● Eine Gugelhupfform (Ø 26 cm) einfetten und mit Semmelbröseln ausstreuen. Den Teig einfüllen, nochmals gehen lassen und in ca. 45 - 60 Minuten abbacken. Die Form etwas abkühlen lassen, den Gugelhupf auf ein Kuchengitter stürzen und mit Staubzukker bestreut servieren.

# Kirschstrudel

| Teig: | Füllung: |
|---|---|
| 250 g Mehl | 1 kg Kirschen |
| 1 Ei | 150 g Butter, 3 - 4 EL Zucker |
| 1 Prise Salz | 150 g Semmelbrösel |
| 2 EL Öl | sehr weiche Butter zum Bestreichen |
| ca. 1/16 l Wasser | Staubzucker (Puderzucker) |
| etwas Öl | |

● Das Mehl auf die Arbeitsfläche sieben und mit Ei, Salz und Öl verrühren. Das Wasser nach Bedarf nach und nach dazugießen, bis der Teig eine nicht zu feste Konsistenz hat. Nun mit beiden Händen kräftig durchkneten, bis der Teig nicht mehr anklebt. Je länger er geknetet wird, desto besser läßt er sich zu einem feinen Strudel ausziehen. Den Teig nun zu einer Kugel formen, mit Öl bestreichen, abdecken und mindestens 30 Minuten rasten lassen.

● Inzwischen die Kirschen waschen, trockentupfen und entkernen. Die Butter in einer größeren Pfanne schmelzen und die Brösel darin hellbraun rösten. Auf einem größeren, bemehlten Tuch den Teig mit einem Nudelholz austreiben, mit den Handrükken unterfassen und von der Mitte her so lange vorsichtig ausziehen, bis er hauchdünn ist.

● Mit etwas weicher Butter bestreichen. 2/3 des Teiges mit Semmelbröseln bestreuen. Darauf die Kirschen verteilen. Zucker mit Zimt mischen und darüberstreuen. Nun wird der so vorbereitete Strudel von einer Seite her mit Hilfe des Tuches eng aufgerollt. In eine gefettete Bratreine (Backpfanne) oder auf ein Backblech legen und mit der restlichen Butter bestreichen.

● Im vorgeheizten Backofen bei 200 - 220° C in 30 - 35 Minuten goldbraun backen. Nach Belieben noch warm mit Staubzucker bestreuen und sofort servieren.

# Sonntags-Hefebrot

Teig:

500 g Weizenmehl

30 g Germ (Hefe)

etwas Zucker

knapp 1/4 l lauwarme Milch

1 Ei, Salz

50 g flüssige Butter

50 g Zucker

150 g Rosinen

Zum Bestreichen:

1 Eidotter (Eigelb)

2 EL Milch

● Das Mehl in eine Schüssel sieben, eine Mulde eindrükken, Germ hineinbröckeln und mit etwas Milch und Zukker verrühren. Zugedeckt an einem warmen Ort ca. 30 Minuten gehen lassen. Die restliche Milch, Ei, Salz, Butter, Zucker und Rosinen dazugeben und zu einem glatten Teig verarbeiten, der sich gut vom Schüsselrand lösen muß. Nochmals ca. 15 Minuten gehen lassen.

● Den Backofen auf 180 - 200° C vorheizen. Ein Backblech einfetten.

● Aus dem Teig einen Brotlaib formen, längs einschneiden, mit in Milch verquirltem Eidotter bestreichen und in 40 - 50 Minuten backen.

# Köstentorte

Teig:

200 g Kösten (Kastanien)

150 g Zucker

6 Eier, getrennt

50 g gemahlene Mandeln

50 g Semmelbrösel

Butter für die Form

Füllung:

1/4 l Rahm (süße Sahne)

40 g Zucker

100 g passierte Kösten (Kastanien)

2 EL Preiselbeerkonfitüre

Schokolade zur Glasur

geschlagener Rahm (Sahne) zum Verzieren

8 - 10 halbierte Kösten (Kastanien)

● Die Kösten waschen, auf der gerundeten Seite tief einschneiden und ca. 10 - 15 Minuten im 200° C heißen Backofen braten, bis sie aufspringen oder in einer Pfanne mit Deckel zugedeckt rösten. Dann schälen, in kochendes

Wasser geben und in 20 - 30 Minuten garkochen. Abtropfen lassen und so lange sie heiß sind passieren.

● Den Backofen auf 180° C vorheizen. Den Zucker mit den Eidottern sehr schaumig rühren. Die Köstenmasse, Mandeln, Semmelbrösel und letztlich steif geschlagenen Eischnee unterziehen. Die Masse in eine gut gefettete Springform (Durchmesser 26 cm) füllen und in 30 - 45 Minuten backen.

● Auf einem Kuchengitter auskühlen lassen. Mittig durchschneiden. Rahm mit Zucker steif schlagen, das Köstenpüree untermischen. Die Torte damit füllen und auf der Oberseite mit Konfitüre dünn bestreichen.

● Mit Schokoladenglasur überziehen, dann mit geschlagenem Rahm und halbierten Kösten dekorieren.

# Schwarzplententorte

| | |
|---|---|
| 250 g weiche Butter | 1 Pa Backpulver |
| 250 g Zucker, 1 Prise Salz | 1 Pa Vanillezucker |
| 6 Eier | Preiselbeerkonfitüre |
| 250 g gemahlene Mandeln | Butter für die Form |
| 250 g Schwarzplentenmehl (Buchweizenmehl) | Staubzucker (Puderzucker) zum Bestreuen |

● Butter, ca. 200 g Zucker und Eidotter, sehr schaumig rühren. Mandeln, Mehl, Salz, Backpulver und Vanillezucker gut unterrühren. Eiweiß mit dem restlichen Zucker steif schlagen und unterheben.

● Den Backofen auf 180 - 200° C vorheizen. Eine Springform (Durchmesser 26 cm) ausfetten, den Teig einfüllen und in 45 - 55 Minuten backen. Auf einem Kuchengitter auskühlen lassen, dann in der Mitte durchschneiden, mit Preiselbeerkonfitüre füllen und mit Staubzucker bestreut servieren.

# Pignolikipferl

300 g gemahlene Mandeln
300 g Zucker
4 Eiweiß
80 g gehackte Rosinen
abgeriebene Schale einer unbehandelten Zitrone
300 g Pignoli (Pinienkerne)

● Die Mandeln mit Zucker, Eiweiß und abgeriebener Zitronenschale mischen und in einer Pfanne auf niedriger Stufe so lange erhitzen, bis eine formbare Masse entsteht. Die Rosinen dazugeben, den Teig zu 2 Rollen formen und im Kühlschrank 1/2 Stunde rasten lassen.

● Anschließend in 1 cm dicke Scheiben schneiden, diese zu Kipferln formen und mit Pignolikernen bestreuen. Auf ein gefettetes Backblech legen und bei 180 - 200° C in 15 - 20 Minuten backen.

# Nußkipferl

Teig:

300 g Butter

500 g Mehl

3 EL Zucker

4 Eidotter (Eigelb)

40 g Germ (Hefe)

6 - 7 EL Milch, lauwarm

1 Prise Salz

Eidotter zum Bestreichen

Füllung:

200 g gemahlene Haselnüsse

50 g gehackte Haselnüsse

250 g Zucker

50 ml Milch

1 Pa Vanillezucker

1 EL Rum, 2 EL Konfitüre

● Das Mehl in eine Schüssel sieben, die Butter in Flöckchen darauf verteilen, mit Zucker, Eidotter und mit in lauwarmer Milch aufgelöstem Germ sowie Salz zu einem glatten Teig verarbeiten. Auf bemehlter Arbeitsfläche den Teig sehr dünn austreiben und in Vierecke schneiden.

● Den Backofen auf 200 - 220° C vorheizen. Für die Nußfüllung alle Zutaten verrühren, auf die Teigstückchen geben, diese zu „Kipferl" (Hörnchen) formen, mit Eidotter bestreichen. Auf ein gefettetes und bemehltes Backblech legen und in 15 - 20 Minuten goldbraun backen. Möglichst frisch servieren.

# Zelten

- 200 g getrocknete Zwetschken (Pflaumen)
- 300 g getrocknete Birnen
- 500 g getrocknete Feigen
- 500 g Rosinen
- 1 1/4 l Wasser
- 100 g Haselnüsse
- 500 g Mandeln
- 100 g Pignoli (Pinienkerne)
- 125 g Aranzini (Orangeat)
- 125 g Zitronat
- 150 g Zucker
- 1/2 TL gemahlener Zimt
- 1 Prise Nelkenpfeffer, gem.
- Anis und Salz
- Saft und abgeriebene Schale von 2 Orangen
- 4 EL Rum
- 2 EL Zitronensaft
- 500 g dunkler Brotteig vom Bäcker
- 80 g geschälte, halbierte Mandeln
- 80 g kandierte Früchte zum Verzieren
- Butter für das Backblech
- Zuckerwasser zum Bestreichen

● Die Zwetschken, Birnen, Feigen und Rosinen kurz abspülen, in eine Schüssel geben und mit dem Wasser bedeckt über Nacht einweichen lassen.

● Die eingeweichten Früchte abtropfen lassen und in sehr kleine Würfel schneiden. Die Haselnüsse, Mandeln und Pignoli fein hacken. Mit Aranzini, Zitronat, Zucker, Zimt, Gewürzen, Salz, Orangensaft und -schale sowie Rum und Zitronensaft zu den Früchten geben. Alles gut vermischen und mindestens über Nacht durchziehen lassen.

● Den Backofen auf 200 - 220° C vorheizen. Die Früchtemasse mit dem Roggenteig bestens verkneten. Längliche oder runde „Zelten" formen, die ca. 4 cm dick und 15 - 20 cm lang sind. Mit den Mandelhälften verzieren.

● Nebeneinander auf das eingefettete Backblech setzen und unter mehrmaligem Bestreichen mit Zuckerwasser ca. 60 - 75 Minuten schön gebräunt backen. Anschließend sofort vom Blech lösen, mit kandierten Früchten dekorieren und gut auskühlen lassen.

**Unser Tip:**

Die „Zelten“ sind ein typisches Weihnachtsgebäck, das spätestens 2 - 3 Wochen vor dem Fest gebacken werden sollte.

# Kleine Südtiroler Weinkunde

Südtirol, im Dreieck zwischen Brixen, Meran und Salurn, zählt zu den kleineren Weinanbaugebieten Europas. Etwa 5000 Hektar Rebfläche werden bebaut. Die Südtiroler bezeichnen ihr Land als ältestes Weinbaugebiet im deutschsprachigen Raum. Schon lange vor Christi Geburt soll es hier nachweislich Weinbau gegeben haben. Die Anbauflächen sind weitgehend Hanglagen mit guter

Sonnenbestrahlung und Durchlüftung des Bodens. Der auf Erwerb ausgerichtete, intensiv betriebene Weinbau findet vorwiegend im Etschtal zwischen Meran und Salurn sowie im Eisacktal zwischen Bozen und Brixen statt.

In Südtirol sind 80 % der erzeugten Weine Qualitätsweine und alle Weine, außer den Dessertweinen werden wie durchgegoren (trocken) angeboten.

In der Südtiroler Kellerwirtschaft stehen vorwiegend Stahlfässer mit Temperaturkontrolle für die Gärung. Das ermöglicht eine problemlosere, dazu hygienische Herstellung. Die Reifung jedoch erfolgt nach wie vor in Holzfässern.

Zur Zeit sind etwa 30 % der Südtiroler Weine Weißweine. Längerfristig werden 45 % angestrebt. Neben den Rebsorten Weißburgunder, Ruländer und Gewürztraminer pflanzen die Südtiroler Weinbauern zunehmend auch Chardonnay und Sauvignon an. Bei den roten Sorten soll ein Teil der vorwiegenden Sorte Vernatsch langfristig durch Blauburgunder, Cabernet und Lagrein ersetzt werden.

Ein Ziel der Weinbauern dieser Region ist der weitgehen-

de Verzicht auf chemische Spritzmittel. Wie im Obstbau, so ist auch im Weinbau die Lösung:
integrierter Pflanzenschutz. Dabei werden die Nützlinge gezielt gefördert. Dazu gehört eine Begrünung des Bodens zwischen den Rebstöcken, so daß weniger Düngung und ein geringerer Einsatz von Schutzmitteln möglich ist. Das wirkt sich in der Summe äußerst positiv auf die Inhaltsstoffe des Weines aus.

# Vom Törggelen

Das Törggelen ist ein alter, beliebter Südtiroler Herbstbrauch: das Verkosten des neuen (nuien) Weines am Ort seiner Entstehung, das heißt in den verschiedenen Weinhöfen. Das Wort stammt möglicherweise von dem Begriff „Torggl"-Traubenpresse.
Zum Wein ißt man gerne: gebratene Kösten (Kastanien), bester Speck mit frischem Brot, süße, junge Nussen (Nüsse), frische oder geräucherte Würste (Kaminwurzn) oder Erdäpfel (Kartoffeln). Törggelen kann man etwa ab Mitte September bis Ende Oktober bei zahlreichen Buschenschenken und Wirtschaften im gesamten Weinanbaugebiet.

# Die verschiedenen Weine und ihre Verwendung

## Weißweine

### Eisacktaler Silvaner

Er ist ein angenehm frischer, hellgelber bis grünlicher Weißwein mit einem fruchtigen Geschmack.
Er eignet sich, als Aperitif, zu Spargel, zu Weinsuppe, zu Fisch (gekocht oder gegrillt).
Lagerfähigkeit: 2 - 3 Jahre
Serviertemperatur: 8 - 10° C

### Eisacktaler Veltliner

Die Rebsorte ist der „Frührote Veltliner". Seine typischen Eigenschaften sind der zarte, angenehme Geruch, der würzige und fruchtig frische Geschmack und seine hellgelbe bis grünliche Farbe.
Man reicht ihn am besten zu, Vorspeisen mit Fisch, gegrilltem oder gedünstetem Fisch, Spargel und als Aperitif.
Lagerfähigkeit: 2 - 3 Jahre
Serviertemperatur: 10 - 12° C

**Terlaner Sauvignon**
Die Rebsorte „Sauvignon" stammt aus Frankreich und wird in Südtirol im Gebiet um Terlan und Andrian seit etwa 100 Jahren angebaut. Die Farbe ist grünlich gelb, der Geschmack läßt sich als frisch und rassig bezeichnen und der Duft ist intensiv.
Er empfiehlt sich zu Zwiebelsuppe, gebackenem oder gegrilltem Fisch, Hirnpofesen und als Aperitif.
Lagerfähigkeit: 2 - 3 Jahre
Serviertemperatur: 8 - 10° C

**Südtiroler Weißburgunder**
Auch diese Rebsorte stammt eigentlich aus Frankreich und wird seit 100 Jahren in Südtirol angebaut. Charakteristisch ist sein frischer, fruchtiger Geschmack, der Geruch ist fruchtig, verbunden mit einem leichten Apfelton und die Farbe läßt sich als grünlich bis hellgelb bezeichnen. Man serviert ihn, als Aperitif, zu leichten Vorspeisen und zu Fischgerichten.
Lagerfähigkeit: 2 - 3 Jahre
Serviertemperatur: 8 - 10° C

**Südtiroler Gewürztraminer**
Wie schon die Weinbezeichnung besagt, stammt die Rebsorte aus dem Südtiroler Weindorf Tramin und wird heute in allen wichtigen Weinbaugebieten der Welt angebaut. Der Gewürztraminer ist ein körperlicher, aromatischer Weißwein mit einer hellgelben Farbe. Sein Geschmack ist angenehm würzig und gleichzeitig vollmundig.
Er wird gerne zu Krabben und Hummer serviert und als Aperitif oder Dessertwein getrunken.
Lagerfähigkeit: 2 - 3 Jahre
Serviertemperatur: 10 - 12° C

**Südtiroler Müller-Thurgau**
Der Müller-Thurgau ist ein schmackhafter Weißwein mit einem ausgeprägten Charakter. Der Geruch ist leicht blumig und die Farbe grünlich bis strohgelb.
Er empfiehlt sich zu gegrillten oder gebackenen Meeresfrüchten und als Aperitif.
Lagerfähigkeit: 2 - 3 Jahre
Serviertemperatur: 8 - 10° C

**Südtiroler Ruländer**
Diese Rebsorte stammt aus Burgund und wird hauptsächlich im Überetsch sowie im Bozener Unterland ange-

baut. Er ist ein vollmundiger Wein von strohgelber Farbe und mit einem dezent angenehmen Geruch.
Man serviert ihn gerne zu gebackenen Schwammerln (Pilzen), Forellen und anderen Süßwasserfischen, gedünsteten Meeresfrüchten und Fischsuppe.
Lagerfähigkeit: 2 - 3 Jahre
Serviertemperatur: 10 - 12° C

## Rotweine

### Kalterer oder Kalterer See

Dieser milde, harmonische Wein ist wohl einer der bekanntesten Südtiroler Weine. Er hat einen angenehmen, fruchtigen Geruch und seine Farbe ist eher rubinrot.
Man serviert ihn gerne zu Vorspeisen, Speckgerichten, gekochtem Fleisch, z. B. Tellerfleisch, gegrilltem oder gebratenem Kalbfleisch und Geflügel.
Lagerfähigkeit: 1 - 2 Jahre, da er am besten jung getrunken wird
Serviertemperatur: 13 - 15° C

### St. Magdalener

Der St. Magdalener Wein ist der kräftigste unter den Weinen der Rebsorte Vernatsch. Seine dunkle, rubinrote Frabe kennzeichnet ihn ebenso wie das leicht nach Veilchen riechende Aroma. Der Geschmack ist voll, kernig und gleichfalls harmonisch.
Er empfiehlt sich zu Rindfleisch (siehe Rezept „Rindsbraten St. Magdalena"), Wild und Geflügel, sowie zu pikantem Käse.
Lagerfähigkeit: 2 - 3 Jahre
Serviertemperatur: 14 - 16° C

### Südtiroler Lagrein

Von diesem Wein kennt man, je nach Art der Verarbeitung, zwei Sorten: den Lagrein Kretzer und den Lagrein Dunkel.
Der Kretzer hat eine rosa- bis hellrote Farbe, schmeckt frisch und ist zart angenehm im Geruch.
Man serviert ihn gerne zu kräftigen Vorspeisen, geräucherten Fischen und zu Kalbfleisch.
Lagerfähigkeit: 1 - 2 Jahre
Serviertemperatur: 10 - 12° C

Der Lagrein Dunkel hat eine dunkle, eher granatrote Farbe und zeichnet sich besonders durch seinen vollen, samtigen Geschmack aus. Im Geruch ist er betont angenehm. Er empfiehlt sich zu allen

Wildgerichten, auch Wildgeflügel, gebratenem, dunklem Fleisch und pikantem Käse.
Lagerfähigkeit: mind. 4 - 5 Jahre
Serviertemperatur: 16 - 18° C

**Südtiroler Blauburgunder**
Diese Rebsorte stammt aus Burgund und wird seit etwa 100 Jahren in Südtirol angebaut. Er ist ein mittelschwerer Wein von rubinroter Farbe, vollmundig und rund schmeckend.
Man empfiehlt ihn zu gegrillten und gebratenem Fleisch, Wildgerichten und pikanten Käsesorten.
Lagerfähigkeit: 4 - 5 Jahre
Serviertemperatur: 16 - 18° C

**Bozner Leiten**
Ein Wein mit einem vollmundigem, harmonischem Geschmack. Seine dunkel-rubinrote Farbe wird durch einen angenehmen, kräftigen Geruch ergänzt. So wird er dem St. Magdalener Wein etwas ähnlich.
Man serviert ihn gerne zu Fleischpasteten, gegrilltem oder gebratenem dunklem Fleisch (z. B. Steaks), Wildgerichten und zu pikantem Käse.
Lagerfähigkeit: 2 - 3 Jahre
Serviertemperatur: 14 - 16° C

**Merlot**
Diese Rebsorte stammt ursprünglich aus Frankreich und wird seit über 100 Jahren in Südtirol erfolgreich angebaut. Seine Farbe ist granatrot, er hat einen leicht erdähnlichen Geruch und schmeckt sortentypisch vollmundig.
Man trinkt ihn zu Wildgerichten, auch Wildgeflügel, Hasenbraten, Steakgerichten und zu verschiedenen Käsesorten.
Lagerfähigkeit: 1 - 2 Jahre
Serviertemperatur: 13 - 15° C

**Meraner oder Meraner Hügel**
Der Meraner oder Meraner Hügel ist ein rubinroter Wein mit angenehmer Fülle und einem feinen, fruchtigen Geruch.
Man serviert ihn gerne zu Vorspeisen, Speckgerichten, gekochtem Rindfleisch (z. B. Tellerfleisch), Kalbfleischgerichten, Geflügel und zu mildem Käse.
Lagerfähigkeit: 1 - 2 Jahre
Serviertemperatur: 13 - 15° C

# Die neue, feine Küche Südtirols

In der Südtiroler Küche gewinnen gerade in jüngster Zeit über die klassischen Rezepte hinaus zunehmend internationale Gerichte an Bedeutung. Diese werden hier unter Verwendung von landestypischen Zutaten variiert und erhalten dadurch eine ganz besondere, eigenständige Note.
Die nachfolgenden Menüvorschläge sind Beispiele dafür. Sie werden Ihnen beim Nachkochen sicherlich Freude machen. Übrigens, zu jedem Gericht wird als Abrundung eine Weinempfehlung gegeben.

# Menü 1

Ein leichtes Herbstmenü mit typischen Südtiroler Zutaten, wie Äpfeln, Reh und Weintrauben. Dazu gehört natürlich auch Wein aus Südtirol.

## Käsesoufflé

im Südtiroler Apfel

4 schöne, mittelgroße, Südtiroler Äpfel

3 EL Butter, 70 g Mehl

1/4 l Milch

4 Eidotter, 4 Eiweiß

200 g frischgeriebener Parmesan, Salz

Pfeffer, 1 Prise frischgeriebene Muskatnuß

1 EL Schnittlauch

● Von den Äpfeln einen Deckel abschneiden. Die Früchte mit einem Kugelausstecher aushöhlen, so daß ein zentimeterbreiter Rand stehen bleibt.

● Die Butter in einem Topf schmelzen, das Mehl zufügen und unter Rühren goldgelb anschwitzen. Die Milch langsam dazufließen lassen, mit dem Schneebesen durchrühren und 10 Minuten köcheln, immer wieder rühren, damit keine Klümpchen entstehen. Die Masse etwas abkühlen lassen, dann nacheinander das Eigelb und den Käse untermischen. Mit Salz, Pfeffer und Muskat abschmecken und den Schnittlauch zufügen.

● Das Eiweiß zu sehr steifem Schnee schlagen und gleichmäßig unterheben. Die Masse in den Äpfeln verteilen. Die Äpfel auf ein mit Alufolie ausgelegtes Blech setzen und die Deckel daneben legen.

● Das Käsesoufflé im auf 180 ° Grad vorgeheizten Backofen, auf der mittleren Schiene, 25 - 30 Minuten backen, bis es schön aufgegangen ist und eine goldbraune Farbe hat.

Als Getränk paßt dazu: Südtiroler Weißburgunder.

## Rehragout

mit Walnußklößchen und Stangensellerie

- 750 g Rehfleisch
- 3 EL Butterschmalz
- 1 Zwiebel
- 1/4 l Holundersaft
- Salz
- schwarzer Pfeffer
- 1 EL Tomatenmark
- 1 Glas Preiselbeeren
- 1/4 l Südtiroler Rotwein
- 1 Becher Crème fraîche,
- 1/8 l warme Milch
- 2 Eidotter
- 2 EL gehackte Walnüsse
- 1 Bund Petersilie
- 500 g Stangensellerie

● Das Fleisch in mundgerechte Stücke schneiden und portionsweise in zwei Eßlöffeln Butterschmalz anbraten. Die Zwiebel schälen, fein hacken und zufügen. Mit dem Holundersaft ablöschen, salzen, pfeffern, das Tomatenmark und die Preiselbeeren zufügen. 15 Minuten schmoren, dann den Rotwein und die Crème fraîche, das Lorbeerblatt und die Rosmarinnadeln dazugeben und alles zugedeckt bei geringer Hitze 1 3/4 Stunden fertigschmoren. Abschmecken und falls nötig, nachwürzen.

● Die Semmel würfeln und mit der Milch übergießen, 10 Minuten quellen lassen, Eidotter und die Walnüsse untermischen. Die Petersilie abbrausen, fein hacken, zufügen und den Teig mit Salz und Pfeffer würzen. Durchkneten und tischtennisballgroße Klößchen formen. In köchelndes Salzwasser legen und in 10 - 15 Minuten garziehen lassen. Den Stangensellerie waschen, in mundgerechte Stücke teilen und kurz in kochendes Salzwasser geben, eiskalt abschrecken und im restlichen Butterschmalz schwenken, salzen. Das Rehragout mit den Klößchen und dem Stangensellerie auf vier Tellern anrichten.

Als Getränk paßt dazu: Südtiroler Lagrein Dunkel.

# Quarkterrine

mit blauen Trauben

- 500 g blaue Trauben
- 5 EL Grappa
- 1 EL Honig, 2 Eidotter
- 50 g Zucker
- 1 Päckchen Vanillezucker
- 1 TL abgeriebene Schale einer unbehandelten Zitrone
- 1 EL Zitronensaft
- 8 Blatt weiße Gelatine
- 750 g Sahnetopfen

● Die Trauben waschen, eine Hälfte schälen, halbieren und entkernen. Die restlichen halbieren und entkernen und mit einer Mischung aus 4 Eßlöffeln Grappa und dem Honig übergießen und im Kühlschrank ziehen lassen.

● Die Eidotter mit dem Zukker und dem Vanillezucker schaumig schlagen. Die Zitronenschale und den Zitronensaft zufügen. Die Gelatine einweichen und auflösen. Mit dem Topfen unterrühren.

● Den restlichen Grappa und

die geschälten Trauben unterheben. Die Masse in eine Form füllen und im Kühlschrank in zwei Stunden festwerden lassen. Vor dem Servieren die Form kurz in heißes Wasser halten, stürzen und die Masse in Scheiben schneiden mit den marinierten Trauben auf vier Teller verteilen. Als Dekoration einige Trauben kurz anfeuchten, in Zucker tauchen und dazu legen.
Als Getränk paßt dazu: Goldmuskateller

# Menü 2

Ein raffiniertes und dennoch bodenständiges Menü, das speziell zu Weinen aus Südtirol zusammengestellt wurde.

## Forellenmousse

mit kleinem Salat

- 1 große geräucherte Bachforelle, ca. 400 g
- 1 Eidotter
- 150 g Crème fraîche
- weißer Pfeffer aus der Mühle
- 1 Msp Cayennepfeffer
- 1 EL Zitronensaft
- 1 Schuß Worcestersoße
- 2 Blatt weiße Gelatine
- 150 g gemischter Blattsalat (Radicchio, Friseé, Feldsalat oder andere Sorten)
- 2 EL Weißweinessig
- 1 TL scharfer Senf
- 3 EL Öl, Salz

● Die Forelle häuten und die Filets auslösen. Mit dem Eidotter und der Crème fraîche in den Mixer geben. Gut durchmixen und die Masse mit Salz, Pfeffer, Cayennepfeffer, Zitronensaft und Worcestersoße abschmecken.

● Die Gelatine nach Vorschrift einweichen, auflösen und unter die Masse mischen. Im Kühlschrank eine Stunde festwerden lassen, inzwischen den Salat putzen und waschen.

● Aus Weißweinessig, Salz, Pfeffer, Senf und Öl mit dem Schneebesen eine cremige Marinade rühren und den Salat darin wenden.

● Von der Forellenmousse mit einem angefeuchteten Eßlöffel Nocken abstechen, auf vier Teller verteilen und den Blattsalat daneben anrichten. Mit frischgetoastetem Weißbrot und Butter servieren.

Als Getränk paßt dazu: Südtiroler Ruländer.

# Kalbsrouladen in Steinpilzsahne

mit Zucchininudeln

- 1 Schalotte, 3 EL Butter
- 25 g getrocknete Steinpilze
- 100 g Kalbsleber
- 1 EL gehackte Pistazien
- 1 TL scharfer Senf
- 1 EL Crème fraîche, Salz
- weißer Pfeffer aus der Mühle
- 1 Prise Muskatnuß
- 50 g frischer Spinat
- 4 Kalbsschnitzel á 120 g
- 1 Becher Crème double
- 2 mittelgroße Zucchini
- 200 g feine Bandnudeln

● Die Schalotte schälen, fein hacken und in einem Eßlöffel Butter weichdünsten. Die Pilze mit 1/4 l kochendem Wasser übergießen und 30 Minuten quellen lassen. Die Leber fein würfeln und zu der Schalotte geben. Die Pistazien,